音声再生アプリ「リスニング・トレーナー」

朝日出版社開発のアプリ、「リスニング・トレーナー (リストレ) 」を使えば、教科書の音声をスマホ、タブレットに簡単にダウンロードできます。

まずは 「リストレ」 アプリをダウンロード

≫ **App Store**はこちら　　　　≫ **Google Play**はこちら

▼ アプリ【リスニング・トレーナー】の使い方

① アプリを開き、「コンテンツを追加」をタップ

② QRコードをカメラで読み込む　　

③ QRコードが読み取れない場合は、画面上部に **25478** を入力し「Done」をタップします

ここが
ポイント！

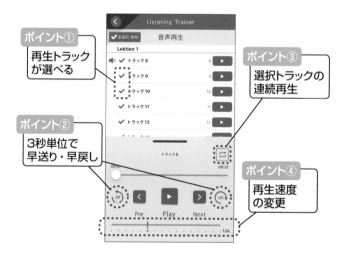

ポイント①
再生トラックが選べる

ポイント②
3秒単位で早送り・早戻し

ポイント③
選択トラックの連続再生

ポイント④
再生速度の変更

QRコードは㈱デンソーウェーブの登録商標です

本書の音声 *CD-xx* は、ストリーミング配信をしております。

https://text.asahipress.com/free/german/infoneu2/

neu²

Deutsch-

information

表紙デザイン：
　ease

地図作成：
　岩崎三奈子

本文イラスト：
　小熊未央

写真提供：
　Bayern Tourismus Marketing GmbH
　Berlin Tourismus Marketing GmbH
　Bremer Touristik-Zentrale Gesellschaft für Marketing und Service GmbH
　DB AG
　Duales System Deutschland AG
　Deutsche Zentrale für Tourismus e.V.
　Thüringer Tourismus GmbH
　Tourismus Marketing GmbH Baden-Württemberg
　Tourist-Information Göttingen
　PANA
　ドイツ観光局
　オーストリア観光局
　神谷善弘
　森川元之
　竹村恭一郎
　田村江里子

ま え が き

　いま、ドイツ語を学ぼうとしているみなさんは、ドイツ語に対してどのようなイメージを持っているでしょうか？

　ドイツ語をやさしいと感じるか、むずかしいと感じるか。それは、みなさんがどのように自分なりの目標を定めて、ドイツ語の授業に参加するかにかかっています。

　この教科書は、学習内容をコンパクトにまとめ、みなさんの負担をなるべく小さくし、ゆっくりと着実にドイツ語に慣れ親しめるよう構成されています。

　また、「コラム」形式で各種のドイツ情報を提供したり、いろいろな写真やイラストを掲載しましたので、きっと興味を持って取り組んでいただけることでしょう。

　さあ、あなたのドイツ語学習の目標は何でしょうか？ドイツ旅行？メルヘンを読むこと？語学留学？この機会に、もう一度考えてみてください。

　文法事項を理解することに加え、付属の CD を繰り返し聞いて、ドイツ語の音に慣れるように心がけてください。そして、積極的にドイツ語を話すようにしてください。そうすることで、無理なく自然にドイツ語が身につくよう、私たちは工夫を重ねて編集しました。

Also, viel Spaß! では、楽しく勉強してください。

2005 年　4 月

著者一同

改訂にあたって

　初版が発行されて以来、ご採用いただいた先生方のご意見を参考にして、テキストや「追加練習問題」作成などの改良を加えてまいりました。

　このたび「教える側にも学ぶ側にも、より使いやすい」教科書を目指し、各課の練習問題を大幅に書きかえ、CD も新たに吹き込みました。

　引き続き、諸先生方および学習者のみなさんのご批判、ご高評をいただければ幸いです。

2012 年　4 月

著者一同

後 半

各課追加練習問題 ［切り離し提出用］

Das Alphabet *CD-2*

A	a	[アー]	K	k	[カー]	U	u	[ウー]
B	b	[ベー]	L	l	[エル]	V	v	[ファオ]
C	c	[ツェー]	M	m	[エム]	W	w	[ヴェー]
D	d	[デー]	N	n	[エン]	X	x	[イクス]
E	e	[エー]	O	o	[オー]	Y	y	[ユプスィロン]
F	f	[エフ]	P	p	[ペー]	Z	z	[ツェット]
G	g	[ゲー]	Q	q	[クー]	Ä	ä	[アー ウムラオト]
H	h	[ハー]	R	r	[エル]	Ö	ö	[オー ウムラオト]
I	i	[イー]	S	s	[エス]	Ü	ü	[ウー ウムラオト]
J	j	[ヨット]	T	t	[テー]		ß	[エスツェット]

```
1 2 3 4 5 6 7 8 9 0 ß ´
q w e r t z u i o p ü +
a s d f g h j k l ö ä #
y x c v b n m , . -
```

つづりと発音

① 母音 *CD-3*

a	[アー][ア]	Name	名前	Karte	カード
e	[エー][エ]	Tee	紅茶	Ende	終わり
i	[イー][イ]	Kino	映画館	bitte	どうぞ
o	[オー][オ]	Foto	写真	Morgen	朝
u	[ウー][ウ]	gut	良い	Mutter	母

ä	[エー][エ]	Käse	チーズ	Gelände	ゲレンデ
ö	[エー][エ]	Möbel	家具	Röntgen	レントゲン
ü	[ユー][ユ]	Menü	定食	Glück	幸運

② 母音の連続 *CD-4*

au	[アオ]	Haus	家	Baum	木
ei	[アイ]	klein	小さい	Arbeit	仕事
ie	[イー]	Liebe	愛	Brief	手紙
eu, äu	[オイ]	Europa	ヨーロッパ	Häuser	家（複数）

a   e   i   o   u

③ 子　音　*CD-5*

j	[ヤ・ユ・ヨ]	Japan	日本	Juli	7月
v	[フ]	Vater	父	Volk	民族
w	[ヴ]	Wagen	自動車	Wein	ワイン
z	[ツ]	Benz	ベンツ	Zoo	動物園
ß	[ス]	Fußball	サッカー	Meißen	マイセン（地名）
母音＋h		gehen	行く	Autobahn	高速道路
s＋母音	[ズ]	Sommer	夏	singen	歌う
ch（a,au,o,u の後）	[ハ、ホ、フ]	Bach	バッハ	Bauch	お腹
		hoch	高い	Buch	本
（それ以外）	[ヒ]	Milch	ミルク	leicht	簡単な
-b [ブ], -d [ト], -g [ク]		halb	半分の	Fahrrad	自転車
		Weg	道		
-ig	[イヒ]	richtig	正しい	König	王
sch	[シュ]	Schule	学校	Schweiz	スイス
tsch	[チュ]	Deutsch	ドイツ語	tschüss	バイバイ
sp- [シュブ], st- [シュト]		Sport	スポーツ	Student	学生
ds, ts, tz [ツ]		abends	晩に	nichts	何も…ない
		Platz	広場		

ä　　　　　ö　　　　　ü

3

★ドイツ語のあいさつ★   CD-6

Guten Morgen!

Guten Tag!

Guten Abend!

Gute Nacht!

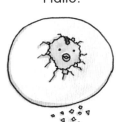

Hallo!

Auf Wiedersehen!

Tschüss!

Danke schön!

Bitte schön!

★数詞① （0〜9）★   CD-7

少しずつ数を覚えましょう。

数の読み方をマスターすれば、ドイツ語の発音もスムーズになります。

0	null	5	fünf
1	eins	6	sechs
2	zwei	7	sieben
3	drei	8	acht
4	vier	9	neun

1 | Ich heiße Tanaka Makoto.

マコトがシュミット（Schmidt）先生に声をかけられます。　*CD-8,9*

シュミット	:	Guten Tag! Wie heißen Sie?
マコト	:	Guten Tag, ich heiße Tanaka Makoto.
シュミット	:	Woher kommen Sie?
マコト	:	Ich komme aus Japan.
シュミット	:	Sind Sie Student?
マコト	:	Ja, ich bin Student.

★パートナー練習★　お互いにたずねあいましょう。　*CD-10*

1．Wie heißen Sie?
　　— Ich heiße ....

2．Woher kommen Sie?
　　— Ich komme aus ....．

① 人称代名詞

ドイツ語には以下の人称代名詞があります。

	単数		複数	
1人称	ich 私は		wir 私たちは	
2人称	du 君は		ihr 君たちは	
3人称	er 彼は		彼らは	
	sie 彼女は		sie 彼女たちは	
	es それは		それらは	

Sie あなたは・あなたがたは

② 動詞の現在人称変化

動詞の不定詞（原形）は、語尾 en とそれを除いた語幹によって成り立っています。

　例）kommen（来る）→ komm + en
　　　不定詞　　　　　語幹　語尾

動詞は主語に応じて語尾が変化します。これを動詞の現在人称変化といいます。

ich	komm**e**	wir	komm**en**
du	komm**st**	ihr	komm**t**
er/sie/es	komm**t**	sie	komm**en**

Sie komm**en**

③ sein（〜である）

英語の be 動詞にあたります。不規則に変化します。

ich	bin	wir	sind
du	bist	ihr	seid
er/sie/es	ist	sie	sind

Sie sind

④ 疑問詞

文頭に出して疑問文をつくります。疑問詞のあとは動詞、主語の順です。

was 何が・何を		**wie** どのように		**wo** どこで
woher どこから		**wohin** どこへ	**wann** いつ	**warum** なぜ

Was ist sie von Beruf? — Sie ist Studentin.
　　　　　　　　　　　　　　　男性形は Student だよ

彼女の職業は何ですか。
　— 彼女は大学生です。

Woher kommt er? — Er kommt aus Osaka.

彼はどこの出身ですか。
　— 彼は大阪出身です。

Wo wohnst du? — Ich wohne in Tokyo.

君はどこに住んでいるの？
　— 東京に住んでいるの。

1. お互いにたずねあいましょう。 *CD-11*

   (1) Wie heißt du?   — Ich heiße ....

   (2) Woher kommst du?   — Ich komme aus ....

   (3) Wo wohnst du?   — Ich wohne in ....

2. [   ] 内の動詞を現在人称変化させて入れなさい。 *CD-12*

   (1) Woher (   ) Sabine?   — Sie (   ) aus Frankfurt.   [kommen]

   (2) Was (   ) Makoto?   — Er (   ) Deutsch.   [lernen]

   (3) Was (   ) er von Beruf?   — Er (   ) Arzt.   [sein]

3. ドイツ語に訳しなさい。 *CD-13*

   (1) 彼女は何という名前ですか。— 彼女はモーニカ・シュナイダーといいます。

                                          [Monika Schneider / heißen]

   (2) 君は何を専攻しているの。— 僕は化学を専攻してるんだよ。

                                             [Chemie / studieren]

   (3) シュミットさんはどこに住んでいますか。— 彼はベルリンに住んでいます。

                                             [Herr Schmidt / Berlin]

4. ドイツの世界遺産がある都市の観光案内所の電話番号です。CD を聞いて、該当するアルファベートを書きなさい。 *CD-14*

   ベルリン（Berlin）(   )   ブレーメン（Bremen）(   )

   (030) 25 00 25   (0421) 30 80 00 10

   ヴァイマール（Weimar）(   )   ヴュルツブルク（Würzburg）(   )

   (03643) 74 50   (0931) 37 23 35

★コラム★　du と Sie の使い分けについて

　目の前にいる相手と話す時、英語ならばその相手が誰であろうと you を使って語りかけます。ところが
ドイツ語になると２人称の人称代名詞は du と Sie の２つあります。どのように使い分けるのかというと、
du は家族・親戚・恋人・親しい友人と話すとき、Sie はそれ以外の相手に対して用いる、というのが大ま
かな原則になります。

　du の使用範囲についてもう少し具体的に見てみましょう。ドイツ語の学習を始めたばかりの皆さんが、
日本にいる限り、du を使って会話をする機会はあまりないでしょうが、ドイツに行くと、キャンパスある
いは教室で出会う学生、クラスメート同士が du を使って話していることに気がつくでしょう。学生同士は
初対面の時からファーストネームを名乗りお互いを du と呼びあうのです（これをドイツ語では duzen と
いいます）。

　初対面の相手なら、大人に対しては Sie、子供には du で話しかけます。となると大人と子供の間の線引
きはどうなっているのか気になりますが、15、16 歳を過ぎていれば Sie で話しかけます。ですからドイツ
の若者は法律上の成人（18 歳）に達する前に、文法上は大人扱いされているわけです。

　ドイツ語に２人称の人称代名詞が２つ存在することに関して、もっぱら英語を学んできた皆さんは不思
議に思うかもしれませんが、フランス語やイタリア語にも同様の使い分けがありますし、英語に最も近い
オランダ語の場合も話し相手を指す代名詞は２つあります。英語の方が例外なのだと考えるのが自然です。

P ： Prinzessin
F ： Frosch

du oder Sie ?

（１）年下の妻が夫に話しかける。
（２）見知らぬ人に道を聞く。
（３）ドイツ語の教師が学生に話しかける。
（４）サラリーマンが社長の飼い犬に話しかける。
（５）顔なじみだが名前を知らない郵便局の窓口
　　　係と話をする。
（６）警察官が逮捕した容疑者を尋問する。
（７）男子学生が教室で偶然隣り合わせた女子学
　　　生とはじめて話をする。
（８）孫が尊敬している祖父に話しかける。

（１）		（２）	
（３）		（４）	
（５）		（６）	
（７）		（８）	

マコトのところにザビーネ（Sabine）が来てパーティに誘います。　*CD-15,16*

ザビーネ : Hallo, Makoto! Was machst du?

マコト　 : Ich lerne Deutsch.

ザビーネ : Ach so, Entschuldigung!

　　　　　 Hast du heute Abend Zeit?

マコト　 : Hm... warum denn?

ザビーネ : Wir geben eine Party. Kommst du auch?

マコト　 : Gern! Wann beginnt die Party?

★パートナー練習★　　下線部を入れかえて練習しましょう。　*CD-17*

１．Was lernst du?　　— Ich lerne <u>Deutsch</u>.

　　Deutsch　　　（1）Japanisch　　（2）Englisch　　（3）Französisch

２．Was machst du gern?　— Ich spiele gern <u>Tennis</u>.

　　Tennis　　　（1）Fußball　　（2）Klavier　　（3）Geige

1️⃣ haben（持っている）

英語の have にあたります。不規則に変化します。

ich	habe	wir	haben
du	hast	ihr	habt
er / sie / es	hat	sie	haben
	Sie	haben	

2️⃣ 名詞の性

ドイツ語の名詞は文法上の性を持ち、男性・女性・中性のいずれかに属します。
そして性によって異なる定冠詞（英語の the）をとります。

男性名詞	女性名詞	中性名詞
der Wagen 車	die Blume 花	das Land 国

辞書のひき方①　名詞の性をチェック

辞書では、男性名詞、女性名詞、中性名詞をそれぞれ、
m. f. n. もしくは 男 女 中 のように表示しています。

	男　性	女　性	中　性
	Vater	Mutter	Kind
	Tisch	Lampe	Fenster

3️⃣ 語　順

ドイツ語の文では動詞は2番目に位置するという原則があります。
これを「定動詞第2位の原則」といいます。

Ich	spiele	heute	Tennis.
Heute	spiele	ich	Tennis.
Tennis	spiele	ich	heute.

私は今日テニスをします。

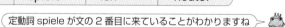
定動詞 spiele が文の2番目に来ていることがわかりますね

4️⃣ 決定疑問文と答え方

「はい」もしくは「いいえ」が答えとなる疑問文を決定疑問文といいます。
主語の前に動詞を出し、文尾を上げて読みます。
「はい」は ja、「いいえ」は nein、「～ではない」の意味である否定詞は nicht です。

Hörst du gern Musik?　　　— **Ja**, ich höre gern Musik.
君は音楽を聴くのが好き？　　　ええ、音楽を聴くのは好きよ。

　　　　　　　　　　　　　　　Nein, ich höre **nicht** gern Musik.
　　　　　　　　　　　　　　　ううん、音楽を聴くのは好きじゃないわ。

nein で否定したあとに、肯定文で言い直しても問題ありません。

Trinken Sie Wein?　　　— Nein, ich trinke Bier.
あなたはワインを飲みますか。　　いいえ、私はビールを飲みます。

1. [　] 内の動詞を人称変化させて入れなさい。　*CD-18*

 (1) (　　　　　　) Sie Zeit?　— Ja, ich (　　　　　　) Zeit.　　　　　　[haben]

 (2) Was (　　　　　　) der Gast?　— Er (　　　　　　) Blumen.　　　　[haben]

 (3) Wohin (　　　　　) Sie?　— Ich (　　　　　) nach München.　　　[reisen]

 (4) Wie (　　　　　) die Lehrerin?　— Sie (　　　　　) Anna Fischer.　[heißen]

2. 名詞の性を辞書で調べて定冠詞を入れなさい。　*CD-19*

 (1) (　　　　　) Hemd　(2) (　　　　　) Hose　(3) (　　　　　) Rock

 (4) (　　　　　) Computer　(5) (　　　　　) Handy　(6) (　　　　　) Kamera

3. ドイツ語に訳しなさい。　［下線部は文頭に］　*CD-20*

 (1) 君、お腹すいてる？— うん、すいてるよ。　　　　　　　　　　　　　[Hunger]

 (2) その先生は若いですか。— はい、彼は若いです。　　　　　　[Lehrer 男 / jung]

 (3) ザビーネは病気です。彼女は熱があります。　　　　　[Sabine / krank / Fieber]

 (4) 君たち、今日何するの？— <u>今日</u>、僕たちパーティをするんだよ。　　[heute]

4. CD を聞いて、(　　) に定冠詞を入れなさい。　*CD-21*

 (1) (　　　　) Uhr　　(2) (　　　　) Katze　　(3) (　　　　) Kuli

 (4) (　　　　) Tisch　(5) (　　　　) Heft　　(6) (　　　　) Fenster

★コラム★　ドイツの大学

　　　　　　　　ドイツの教育制度には日本と異なる点があります。この教科書を使用される皆さんの多くは大学生でしょうから、ドイツの大学にスポットをあててみましょう。日本から見てまず驚くのは、ドイツには私立大学がほとんど存在しないということでしょうか。大部分は国立大学（州の文部省が管轄する）です。ついでに言えば女子大学がない。だからドイツには女子学生はいますが、女子大生はいません。

　さらにびっくりするのは、大学ごとの入学試験がないことでしょう。しかし、そのかわりに、高校卒業資格試験ともいうべきアビトゥーア（Abitur）が行われ、これに合格すると、全国どこの大学にでも入学することが可能になります。定員よりも希望者の多い学部（医療系の学部など）はアビトゥーアの成績によって入学者が配分されます。

　日本でも最近大学間で単位の互換を認める動きがみられるようになりましたが、ドイツでは編入試験などを受けることなく、複数の大学を渡り歩いて学業を全うすることも不可能ではありません。こうした学生の遍歴は昔ほど盛んではないとはいえ、たとえば、大学の2年目までは、ミュンヒェン大学で単位を取り、3年目以降はベルリン大学で学び卒業することができるのです。これはドイツには大学がひとつしかなく、各地方に存在する大学はすべて「ドイツの大学」の分校みたいなものと見立てれば納得できることです。

　少し前までドイツの大学は学費が無料で、在学年数の制限もありませんでしたが、ここ数年の間に、大学の大衆化や国家規模の財政難などのために、制度改革が進められています。州によって対応に差があるものの、多くの国立大学では一学期につき500ユーロの授業料を納めることになりました。ドイツの大学は冬学期（Wintersemester）と夏学期（Sommersemester）の二学期制を取っていますから、年間1,000ユーロ。それでもまだ日本の国立大学よりは安い！

★数詞② (10 ～ 19)★　　*CD-22*

10から12までをまず覚えましょう。
13から19までは、一の位の3から9のあとに「zehn」をつければ OK です。
ただし16と17は例外です。

10	zehn	15	fünfzehn
11	elf	16	**sechzehn**
12	zwölf	17	**siebzehn**
13	dreizehn	18	achtzehn
14	vierzehn	19	neunzehn

3 Was kostet der Hut?

マコトは帽子を買いに行きます。　*CD-23,24*

店　員： Guten Tag! Bitte schön?

マコト： Ich möchte den Hut dort.

　　　　 Was kostet der Hut?

店　員： Der Hut kostet 19 Euro.

マコト： Gut. Den Hut nehme ich.

店　員： Danke schön!

　　　　 Auf Wiedersehen!

マコト： Auf Wiedersehen!

★パートナー練習★　値段を聞いて、買い物をする練習をしましょう。　*CD-25*

A: Was kostet <u>der Rock</u>?

B: <u>Der Rock</u> kostet 18 Euro.

A: <u>Den Rock</u> nehme ich.

der Rock	(1) der Pullover	(2) die Hose	(3) das Hemd

18 Euro	12 Euro	17 Euro	11 Euro

並列の接続詞

語句と語句や文と文を対等の関係で結び、語順に影響を与えません。

und（そして）　　aber（しかし）　　oder（あるいは）　　denn（というのも）　　sondern（〜ではなくて〜）

Der Mann ist Arzt, **und** die Frau ist Sekretärin.　　Er wartet, **aber** sie kommt nicht.

その男性は医者です。そして、その女性は秘書です。　　　　彼は待っている。しかし彼女は来ない。

1 定冠詞と名詞の格変化

定冠詞は、名詞の前について「その」「この」「あの」といった意味を持っています。

	男　性	女　性	中　性	複　数
1格 ～が ～は	der　Mann	die　Frau	das　Kind	die　Kinder
2格 ～の	des　Mann**es**	der　Frau	des　Kind**es**	der　Kinder
3格 ～に	dem　Mann	der　Frau	dem　Kind	den　Kinder**n**
4格 ～を	den　Mann	die　Frau	das　Kind	die　Kinder

男性名詞と中性名詞の2格では、名詞に -s もしくは -es をつけます。複数形の3格では、名詞に -n をつけます。

Der Mann ist Lehrer.　　　　　　　　　その男性は教師です。
　男性1格

Der Sohn **des Mannes** ist auch Lehrer.　その男性の息子も教師です。
　　　　　　男性2格

Ich danke **dem Mann**.　　　　　　　　　私はその男性に感謝しています。
　　　　　男性3格

Kennen Sie **den Mann**?　　　　　　　　あなたはその男性をご存知ですか。
　　　　　　男性4格

2 名詞の複数形

名詞の複数形には5つのタイプがあります。

	同尾式		E 式		ER 式	
単数	der Lehrer	der Bruder	der Freund	der Sohn	das Kind	das Buch
複数	die **Lehrer**	die **Brüder**	die **Freunde**	die **Söhne**	die **Kinder**	die **Bücher**

同尾式、E 式、ER 式には幹母音の a, o, u, au 音が（ウムラオト）するものがあります。

	[E]N式		S式
単数	die Schwester	die Frau	das Foto
複数	die **Schwestern**	die **Frauen**	die **Fotos**

☆　次の単語を辞書でひいて、名詞の性や複数形を確認しましょう。

　　____ Mann　　　　　____ Tochter　　　　____ Mädchen

　　die _____　　　die _____　　　die _____

> 辞書のひき方②　名詞の2格と複数形をチェック　　der Löffel　男　 -s / -
> 　　　　　　　　　　　　　　　　　　　　　　　　die Tasse　女　 - / -n
> 　　　　　　　　　　　　　　　　　　　　　　　　das Glas　中　 -es / Gläser
> 　　　　　　　　　　　　　　　　　　　　　　　　　　　　　（2格　複数形）

1 .（　　）に定冠詞を入れなさい。　*CD-26*

(1) Anna findet (　　　　　) Schauspieler sehr attraktiv.
アンナはその俳優をとても魅力的だと思っている。

(2) Ich nehme (　　　　　) T-Shirt.
私はそのＴシャツを買います。

(3) Wie heißt (　　　　　) Frau dort?　―（　　　　　）Frau heißt Beate Schmidt.
あそこにいる女性は何というお名前ですか。　　　　あの女性はベアーテ・シュミットさんといいます。

2 . 名詞の複数形を調べて（　　）に入れなさい。　*CD-27*

(例) die Orange　　　Ich möchte sechs Orangen.　　　冠詞はいらないよ！

(1) die Kartoffel　　Ich möchte drei Kilo (　　　　　　).

(2) die Gurke　　　Ich möchte acht (　　　　　　).

(3) der Apfel　　　Ich möchte fünf Kilo (　　　　　).

(4) das Ei　　　　Ich möchte zehn (　　　　　　).

3 . ドイツ語に訳しなさい。　*CD-28*

(1) そのカバンは素敵ですね。このカバンを買います。　　　[Tasche 女 / schön / nehmen]

(2) その自転車を欲しいのですが。いくらですか。　　　[Fahrrad 中 / möchten / kosten]

(3) この映画はとても面白いです。あなたもこの映画を面白いと思いますか？
[Film 男 / sehr / interessant / auch / finden]

4 . CD を聞いて、値段を聞き取りなさい。　*CD-29*

(1) A ： Was bekommen Sie?

　　B ： Ich möchte das Brot.

　　A ： Das kostet (　　　　) Euro.

(2) A ： Bitte schön?

　　B ： Ich möchte drei Kilo Bananen und ein Kilo Trauben.

　　A ： Das macht zusammen (　　　　) Euro.

(3) A ： Was kostet der Kuli?

　　B ： Der kostet (　　　　) Euro.

　　A ： Ach so, dann möchte ich den Kuli, bitte.

★コラム★　環境にやさしいドイツのショッピング事情

　ドイツの人々は長い間、日本のような 24 時間営業のコンビニとは無縁の生活をしてきました。1956 年に連邦政府が定めた「閉店法」があったからです。

　閉店法は、一部の例外（ガソリンスタンド、空港、駅の売店、パン屋、飲食店）を除く小売店の営業時間を規制し、従業員を長時間労働から保護していました。89 年、96 年、03 年の部分改正を経て少しずつ営業時間は延びてきましたが、小売店の営業時間は月曜日から土曜日の朝 6 時から夜 8 時までで、日祝祭日の営業は禁止。24 時間営業はもちろん、深夜の営業さえも認められていませんでした。

　しかし、ドイツも EU の中心にあってグローバル化の流れには逆らえなかったのでしょう。06 年には各州ごとに閉店法を定めることとなり、多くの州が 24 時間営業を許可しました。それでも、日祝祭日については現在もほとんどの州がキリスト教の安息日に基づいて営業を禁じています。夜間の消費電力を節約できることを考えても、閉店法は「環境にやさしい」政策であったはずです。今後、ドイツが規制緩和という名のもとで利便性と競争だけを追い求めることのないよう祈るばかりです。

　「環境先進国」といわれるだけあって、ドイツのスーパーマーケットに入ってみても日本とはだいぶ様子が違います。ペットボトルや缶に入った飲料水は少なく、同じ規格のびん入りのものが大半です。びんも缶もペットボトルも価格に一定の料金（デポジット）を上乗せして売られ、空の容器を返却するとデポジットが戻ってきます。デポジットは、リユース（洗浄して再使用）されるびんが一番低く、リサイクルされる缶やペットボトルはびんよりも高く設定されています。このようにして空の容器を戻すモチベーションを高めているのです。

　野菜や果物、肉類などもパック詰めされたものは少なく、量り売りが普通です。また、日用品も含めて紙やプラスチックのケースで包装された商品は日本と比べると、かなり少ないようです。これは 91 年に出された「包装廃棄物回避のための政令」がうまく機能していることを示しています。

　実は、ドイツも 80 年代までは日本と同様、家庭ゴミの半分が容器や包装で占められていました。増え続けるゴミに対して政府が打ち出した対策が、ゴミとなる容器・包装を企業に回収・リサイクルさせるというものでした。ドイツで売られている商品のパッケージにはたいてい緑の矢印をデザインしたマーク（DER GRÜNE PUNKT ＝ 緑のポイント）がついており、これがついていれば黄色いビニール袋（無料で支給される）か黄色いバケツに捨ててよいことになっています。これらのゴミを回収するのは、自治体ではなく、各企業の合同出資で作られたリサイクル会社です。

　プラスチックなどリサイクルしにくい材質を自社製品に使っている企業ほど、リサイクル会社に負担金を多く支払わなくてはいけない仕組みだったので、各企業は製品の容器の小型・軽量化に取り組みました。その結果、リサイクルしなければならない容器・包装自体が減少しました。

4 Ich möchte eine Tasse Kaffee.

マコトとペトラ (Petra) はカフェ (Café) にいます。　*CD-30,31*

ペトラ ： Hast du Hunger, Makoto?

マコト ： Nein, ich habe keinen Hunger.
　　　　 Aber ich habe Durst.

ウェイトレス ： Was bekommen Sie?

マコト ： Ich möchte eine Tasse Kaffee.

ペトラ ： Ich trinke eine Flasche Bier.

マコト ： Bier？　Wirklich?

★パートナー練習★　　下線部を入れかえて練習しましょう。　*CD-32*

1．Haben Sie <u>Hunger</u>?　　　— Ja, ich habe <u>Hunger</u>.
　　　　　　　　　　　　　　　　 — Nein, ich habe <u>keinen Hunger</u>.

　(1) Zeit / keine Zeit　　(2) Durst / keinen Durst　　(3) Geld / kein Geld

2．Hast du <u>eine Kamera</u>?　　　— Ja, ich habe <u>eine Kamera</u>.
　　　　　　　　　　　　　　　　　 — Nein, ich habe <u>keine Kamera</u>.

　(1) einen / keinen Computer　(2) eine / keine Uhr　(3) ein / kein Handy

知っておくと便利な表現

jeden Tag	毎日	jedes Jahr	毎年	diesen Sommer	この夏
jede Woche	毎週	jeden Morgen	毎朝	dieses Jahr	今年

① 不定冠詞

不定冠詞は、名詞の前について「ひとつの」「ある」といった意味を持っています。定冠詞（14ページ）と似た格変化をします。

	男　性	女　性	中　性
1格	ein　　Mann	eine　Frau	ein　　Kind
2格	eines　Mann**es**	einer　Frau	eines　Kind**es**
3格	einem　Mann	einer　Frau	einem　Kind
4格	einen　Mann	eine　Frau	ein　　Kind

Peter kauft **einen Wagen**.　　　ペーターは一台の車を買います。
男性4格

Ich suche **eine Tasche**.　　　私はカバンを探しています。
女性4格

② 所有冠詞（不定冠詞類）

所有冠詞は「私の」「あなたの」といった意味を持っています。不定冠詞と同じ変化語尾がつきます。

	男　性	女　性	中　性	複　数
1格	mein　　Mann	meine　Frau	mein　　Kind	meine　Kinder
2格	meines　Mann**es**	meiner　Frau	meines　Kind**es**	meiner　Kinder
3格	meinem　Mann	meiner　Frau	meinem　Kind	meinen　Kinder**n**
4格	meinen　Mann	meine　Frau	mein　　Kind	meine　Kinder

人称代名詞	ich	du	er / es	sie	wir	ihr	sie	Sie
所有冠詞	mein 私の	dein 君の	sein 彼の / それの	ihr 彼女の	unser 私たちの	euer 君たちの	ihr 彼らの	Ihr あなた（がた）の

Meine Tante wohnt in Frankfurt.　　　私のおばはフランクフルトに住んでいます。
女性1格

Wir lieben **unsere Kinder**.　　　私たちは子供たちを愛しています。
複数4格

③ 否定冠詞（不定冠詞類）

否定冠詞 kein は、不定冠詞を伴う名詞あるいは無冠詞の名詞を否定する場合に用いられます。語尾変化は不定冠詞や所有冠詞と同じです。

Hast du einen Fernseher?　　— Nein, ich habe **keinen Fernseher**.
テレビは持っているかい？　　　　いや、持ってないよ。

Haben Sie Geschwister?　　— Nein, ich habe **keine Geschwister**.
ごきょうだいはいますか。　　　　いいえ、いません。

1. (　　) に不定冠詞を入れなさい。　*CD-33*

 (1) Sie hat (　　　　　) Wörterbuch.   彼女は一冊の辞書を持っています。

 (2) Wir suchen (　　　　　) Wohnung.   私たちは住まいを探しています。

 (3) Er kauft (　　　　　) Apfel.   彼はりんごを一つ買います。

2. (　　) に所有冠詞あるいは否定冠詞を入れなさい。　*CD-34*

 (1) Marie besucht morgen (　　　　　) Tante.
   マリーは明日彼女の叔母さんを訪ねます。

 (2) Diesen Sommer mache ich (　　　　　) Reise.
   この夏私は旅行をしません。

 (3) Wer ist der Mann dort ?　— Das ist (　　　　　) Onkel.
   あそこにいる男性は誰ですか。   私たちの叔父です。

3. ドイツ語に訳しなさい。　*CD-35*　［下線部は文頭に］

 (1) きょうだいはいるの？ — うん、妹がひとりいるよ。   ［ Schwester 囡 ］

 (2) 私の兄はシュトゥットガルトに住んでいます。   ［ Bruder 男 / Stuttgart ］

 (3) 今日私は叔母を訪ねます。   ［ heute / Tante 囡 / besuchen ］

4. CD を聞いて、空欄を補いなさい。　*CD-36*

 (1) Hast du ein Auto? — (　　　　), ich habe (　　　　　) Auto.

          Aber ich habe ein (　　　　　).

 (2) Hast du einen Hund? — (　　　　), ich habe (　　　　　) Hund.

          Ich habe auch eine (　　　　　).

 (3) Hast du einen Bleistift? — (　　　　), ich habe (　　　　　) Bleistift.

          Aber ich habe einen (　　　　　).

★コラム★　ドイツのサッカーと日本人選手

　西ドイツ時代（1949 － 1990）を含め、ワールドカップ（Weltmeisterschaft）4 回の優勝を果たしているサッカー大国・ドイツ。優勝回数ではブラジル（5 回）に及びませんが、19 回の出場のうち「ベスト 4 進出」13 回、「決勝進出」8 回は、どちらも 1 位の記録です。他国と比べ安定した成績を収めていることがわかります。

　ドイツサッカーの強さを支えるのが、ブンデスリーガ（Bundesliga）というリーグの存在です。ヨーロッパでも強豪として知られる「バイエルン・ミュンヘン」が所属する 1 部リーグの試合はテレビなどでご存じの皆さんも多いと思います。このリーグに属する 18 チームをトップとして、その下に 2 部（18 チーム）、3 部（20 チーム）が続きます。この 3 つのリーグのクラブはプロチームで、さらに 4 部から下は 11 部までリーグがありますが、これらのカテゴリーに属するクラブはアマチュア扱いとなっています。

　ヨーロッパのサッカーリーグがある国々の中で、ドイツには日本人選手がもっとも多く在籍しています。長らく日本代表主将であった長谷部誠は、ブンデスリーガ 1 部で 260 試合出場し（2016/17 シーズン終了時）、所属する「アイントラハト・フランクフルト」の最年長選手としてチームの柱となっています。日本代表で 10 番を背負う香川真司が「ボルシア・ドルトムント」で見事なパフォーマンスを見せ、チームの 2 連覇（2010/11, 2011/12 シーズン）に大きく貢献したことを記憶にとどめているサポーターも少なくありません。そして 2018 年ワールドカップ・ロシア大会で活躍した大迫勇也、原口元気も、ブンデスリーガの世界レベルの選手と日常的に対戦することで自らのプレースタイルに磨きをかけたといっても過言ではないと思います。

　今後はさらに、彼らの成功に刺激を受けた選手たちが、サッカーで身を立てていくことを夢見てドイツを目指すのも珍しくなくなるでしょう。J リーグ 1 部在籍経験がなくとも、海外で活躍すれば日本代表候補に挙がる例もあり、最近では高校・大学を卒業してから渡独する若者たちの数も増えています。いきなりのプロ契約は難しい場合、まずはアマチュアのクラブに入団し、実績を積みオファーを待つわけですが、このような挑戦をサポートする会社が作られたり、ドイツでチャンスを掴もうとする日本人選手を受け入れるクラブが創設されたりというのも、日本サッカー界の変化を物語っているような気がします。

　同時に、ドイツサッカー連盟（Deutscher Fußball Bund）のふところの深さといったものも感じられます。スタッフおよび選手の大半が外国人のクラブを認可するだけでなく、難民や亡命者たちのように祖国を追われてきた人びとが主体のクラブの加入を認めるなど、サッカーを通じての社会的貢献を決して忘れてはいません。

　ドイツサッカー連盟は、所属クラブが 25,000 を超える世界最大のスポーツ連盟です。この巨大な数値はそのまま、ドイツにおけるサッカー文化の裾野の広さと成熟度を表わしている、といえるのではないでしょうか。

5 Hier spricht Sabine. Dialog

ザビーネは祖母とバーデンバーデンに行く予定です。彼女はマコト
に電話をかけて誘います。 *CD-37,38*

マコト ：Tanaka.

ザビーネ：Hier spricht Sabine. Wie geht's?

マコト ：Danke, gut! Und dir?

ザビーネ：Danke, auch gut.

Morgen fährt meine Oma nach Baden-Baden.

Ich fahre mit. Kommst du auch mit?

マコト ：Ja, gern. Was machen wir in Baden-Baden?

ザビーネ：Ist doch klar: wir baden! In Baden-Baden baden wir.

Hast du eine Badehose?

マコト ：Ach ja, stimmt...

★パートナー練習★　下線部を入れかえて練習しましょう。 *CD-39*

1. A: Wohin fährst du morgen?
   B: Ich fahre nach <u>Baden-Baden</u>.

   (1) Salzburg　　　(2) Innsbruck
   (3) Linz

2. A: Wer fährt nach <u>Wien</u>?
   B: <u>Mein Bruder</u> fährt nach <u>Wien</u>.

   (1) Salzburg / meine Mutter
   (2) Innsbruck / mein Vater
   (3) Linz / meine Schwester

1 現在人称変化の不規則な動詞（1）

主語が du と er/sie/es の時に語幹の母音が変わる動詞があります。母音の変化は代表的なものが3通りありますが、教科書の巻末（60〜61ページ）や辞書で調べることができます。

	a → ä	e → i	e → ie
	fahren （乗り物で)行く	sprechen 話す	sehen 見る、見える
ich	fahre	spreche	sehe
du	fährst	sprichst	siehst
er/sie/es	fährt	spricht	sieht
wir	fahren	sprechen	sehen
ihr	fahrt	sprecht	seht
sie/Sie	fahren	sprechen	sehen

Sie spricht Französisch. 彼女はフランス語を話す。

Siehst du den Turm dort? あそこの塔が見える？

2 名詞の3格

3格は「〜に」という意味になります。複数名詞の3格には語尾 -n をつけます。

	男 性	女 性	中 性	複 数
1格	der Vater	die Mutter	das Kind	die Kinder
3格	**dem** Vater	**der** Mutter	**dem** Kind	**den** Kindern
4格	den Vater	die Mutter	das Kind	die Kinder

Ich danke **dem Freund**. 私は友人に感謝しています。

Er bringt **den Kindern** Bücher. 彼は子供たちに本を持ってくる。

Ich helfe **meiner Mutter**. 私は母を手伝う。

(helfen は目的語に3格をとるんだよ)

3 人を表す疑問代名詞

1格	wer 誰が
3格	wem 誰に
4格	wen 誰を

Wer kommt heute? 今日誰が来るのですか？

Wem schenken Sie das Buch? あなたは誰にその本をプレゼントするのですか？

Wen besucht Alex? アレックスは誰を訪ねるの？

1. 主語を [　　] の人称にかえて文を書きかえなさい。　*CD-40*

　　(1) Fahren Sie heute nach Nürnberg?　[du]

　　(2) Wir sehen morgen einen Film.　　[er]

　　(3) Ich spreche Chinesisch.　　　　　[er]

　　(4) Schlafen Sie hier gut?　　　　　[du]

　　(5) Helfen Sie dem Freund?　　　　　[du]

2. (　　) 内にふさわしい定冠詞・所有冠詞を選んで入れ、日本語に訳しなさい。　*CD-41*

　　(1) Ich schenke (　　　　　) Freund ein Buch.　　　[der / dem]

　　(2) Die Tochter zeigt (　　　　　) Eltern eine Puppe.　[den / die]

　　(3) Die Mutter kauft (　　　　) Sohn ein Eis.　　　[ihrer / ihrem]

　　(4) Felix gibt (　　　　) Schwester Schokolade.　　[seiner / seinem]

3. ドイツ語に訳しなさい。　*CD-42*

　　(1) このバスはフライブルクに行きます。　　　　　　　　　[nach Freiburg / Bus 男]

　　(2) 彼女はドイツ語を話すの？

　　(3) 彼は誰にそのワインをプレゼントするの？　　　　　　　[Wein 男]

　　(4) 私は弟に一枚の絵葉書を見せます。　　　　[mein Bruder / Ansichtskarte 女]

4. CD を聞いて、内容に合ったものを選びなさい。　*CD-43*

　　(1) a. Der Großvater spricht sehr gut Deutsch.
　　　　b. Der Großvater spricht sehr gut Englisch.
　　　　c. Der Großvater spricht sehr gut Japanisch.

　　(2) a. Die Freundin spricht nicht Deutsch.
　　　　b. Die Freundin spricht Englisch.
　　　　c. Die Freundin spricht nicht Englisch.

★コラム★　バーデン・バーデン

　　　バーデン・バーデンは、フランクフルト空港駅から特急列車で南下すること約一時間半、シュヴァルツヴァルト（黒い森）の北西の端から少しばかり入り込んだ盆地に位置する有名な温泉地です。昔からヨーロッパの王侯貴族や文化人が訪れる高級リゾート地でした。こじんまりとした町ですが、緑豊かな山間の自然と都会的な優雅さがブレンドされた独特の雰囲気を感じさせるところです。

　　　そもそもが、ローマ人の植民都市として築かれた町ですから歴史は古いのです。2千年も昔の浴場が遺跡として保存されています。町の高台には、この地方を治めていた領主の城館が立ち、町を囲む小高い森の一角には、黒ずんだ緑に包まれた古城の廃墟が西の方角にライン平野を見下ろしています。シュヴァルツヴァルトを擁するバーデン・ヴュルテンベルク州は「ドイツのカリフォルニア」と呼ばれています。

　　温泉浴のための代表的な施設は、「フリードリヒスバート」と「カラカラ浴場」です。「フリードリヒスバート」は裸で入り、ブラシマッサージ、サウナ、水温の異なる浴場などをゆっくりと移動するコース制の温泉です。なお、曜日により混浴の日と男女別々の日がありますので注意してください。一方、「カラカラ浴場」では水着が必要になります。打たせ湯や泡の出る浴槽や蒸気浴、日焼けサロンなどの設備もありますが、泳げる温泉と思っていいでしょう。一風呂浴びてのんびりとした気分になれるだけではなく、軽くスポーツを楽しんだという実感も残ります。浴槽が屋内と屋外に分かれており、雪の季節には日本の露天風呂の雰囲気も味わえます。

★数詞③（20 ～ 29）★　*CD-44*

21 から 29 は一の位から言います。
例えば 23 なら「3 と 20」(dreiundzwanzig)という言い方になります。

20	**zwanzig**	25	**fünfundzwanzig**
21	**einundzwanzig**	26	**sechsundzwanzig**
22	**zweiundzwanzig**	27	**siebenundzwanzig**
23	**dreiundzwanzig**	28	**achtundzwanzig**
24	**vierundzwanzig**	29	**neunundzwanzig**

バーデン・バーデンのカラカラ浴場で温泉浴を楽しんだ３人は、
カフェに入ります。　CD-45,46

マコト ： Ich nehme einen Eiskaffee.

　　　　 Was trinkst du, Sabine?

ザビーネ： Ich weiß noch nicht.

祖　母 ： Ich nehme einen Kaffee und eine Torte.

　　　　 Was nimmst du, Sabine?

ザビーネ： Ich? Ich esse nichts. Jetzt mache ich Diät.

マコト ： Was trinkst du denn?

ザビーネ： Ich nehme nur einen Espresso.

Schwarzwälder Kirschtorte
黒い森名物 さくらんぼのケーキ

★パートナー練習★　 下線部を入れかえて練習しましょう。　CD-47

　A: Was nehmen Sie?
　B: Ich nehme <u>einen Orangensaft</u>.

| ein Mineralwasser | einen Kaffee | einen Tee |
| einen Apfelsaft | eine Fanta | eine Cola |

① 現在人称変化の不規則な動詞（2）

2人称3人称単数において幹母音の変わる動詞の中には、第5課（22ページ）で学習したものとは異なるタイプの動詞があります。

	essen 食べる	nehmen 取る	werden ～になる	wissen 知っている
ich	esse	nehme	werde	weiß
du	isst	nimmst	wirst	weißt
er / sie / es	isst	nimmt	wird	weiß
wir	essen	nehmen	werden	wissen
ihr	esst	nehmt	werdet	wisst
sie / Sie	essen	nehmen	werden	wissen

Mein Enkel isst gern Wurst.　　　　私の孫はソーセージを食べるのが好きだ。

Er wird Politiker.　　　　彼は政治家になる。

Sie studiert Medizin. Weißt du das?　　彼女は医学生だよ。そのことを知っている？

② 人称代名詞

人称代名詞はつぎのように格変化します。

		1人称	2人称	3人称			
単　数	1格	ich	du	er	sie	es	Sie
	3格	mir	dir	ihm	ihr	ihm	Ihnen
	4格	mich	dich	ihn	sie	es	Sie
複　数	1格	wir	ihr	sie			Sie
	3格	uns	euch	ihnen			Ihnen
	4格	uns	euch	sie			Sie

Mein Freund wohnt in Bremen. Ich besuche ihn morgen.
私の友達はブレーメンに住んでいる。　　　　私は明日彼を訪ねる。

Ich gebe ihr Schokolade.
私は彼女にチョコレートをあげる。

③ 非人称の es

天候などの自然現象は es を主語にした3人称単数の非人称動詞で表します。

Es regnet. 雨が降る。　　　　Es ist heiß. 暑い。　　　　Es ist sonnig. 日が照っている。

Wie geht es Ihnen? ── Danke, es geht mir gut. (es geht. / nicht so gut.)
お元気ですか。　　　　ありがとう！ 元気です。（まあまあです。／それほどでもありません。）

geben を用いた非人称の熟語　es gibt ＋名詞の4格は「…がある」を意味します。

Gibt es hier einen Supermarkt?　　このあたりにスーパーマーケットはありますか。

1.[   ] 内の動詞を現在人称変化させなさい。　*CD-48*

  (1) Sabine (　　　　　　　) Ärztin.　　　　　[werden]

  (2) (　　　　　　　) du die U-Bahn?　　　　[nehmen]

  (3) Das (　　　　　　　) ich nicht.　　　　　[wissen]

  (4) (　　　　　　　) du gern Gemüse?　　　[essen]

  (5) Max (　　　　　　　) jetzt einen Roman.　[lesen]

2.日本語に訳しなさい。　*CD-49*

  (1) Heute schneit es.

  (2) Es ist mir kalt.

  (3) Gibt es hier keine Post?

  (4) Maria fragt den Lehrer und er antwortet ihr.

  (5) Die Wohnung gefällt dem Onkel.　　　　　＊参照：28ページ「知っておくと便利な表現」

3.ドイツ語に訳しなさい。　*CD-50*

  (1) 夏になる。　　　　　　　　　　　　　[es / Sommer / werden]

  (2) ここには病院があります。　　　[hier / ein Krankenhaus / es / geben]

  (3) 彼はタクシーを利用します。　　　　　[er / ein Taxi / nehmen]

  (4) その辞書は私のものです。　　　[das Wörterbuch / mir / gehören]

                     ＊参照：28ページ「知っておくと便利な表現」

4.レオンはハンブルクに、アンナはミュンヘンに住んでいます。電話での会話を聞いてそれぞれの

  都市の天候を次の絵の中から選びなさい。　*CD-51*

  [sonnig / wolkig / heiß / kalt / Es regnet.]

  (1) Hamburg

  (2) München

★コラム★　アイスカフェーとは？

　　夏の暑い日の喉をうるおすには、アイスコーヒーが一番、と考えている方もいるでしょう。ただし、ドイツ語圏のアイスカフェー（Eiskaffee）は日本のアイスコーヒーとは似ても似つかぬものなのです。飲み物というよりはアイスクリームの一種と考えた方がいいでしょう。少量のコーヒーに浸されたアイスクリームと生クリームがグラスに入っており、ストローとスプーンが添えられて出てきます。見た目はコーヒーフロートに似ていますが、喉が渇いているときにはビールやジュース類の方がおすすめです。

　では、いわゆるアイスコーヒーはドイツにはないのでしょうか。これまで夏も比較的涼しかったドイツでは、紅茶もコーヒーも温かいのがふつうでした。

　とはいえ、食文化も時代や気候の変化と共に変ります。まずアイスティーが現れました。フルーツ風味だったり、炭酸が入っていたりと、これも私たちのイメージとは少し違います。

　そしてついに最近、冷たいコーヒーも飲まれるようになりました。それは「スターバックスコーヒー」をはじめ、いくつかの新しいカフェーのドイツ進出とも関係があるようです。

知っておくと便利な表現

ものの１格＋ gehören ＋人の３格で「…は…のもの（所有物）である」を意味します。
　　Das Auto gehört meinem Vater. 　　　その車は私の父のものです。
もの・ことの１格＋ gefallen ＋人の３格で「…を…は気に入っている」を意味します。
　　Das Geschenk gefällt mir. 　　　そのプレゼントを私は気に入ってます。

マコトは町でドイツ人旅行者に道を聞かれます。　*CD-52,53*

旅行者 : Entschuldigung, sind Sie von hier?

マコト : Nein, aber ich lebe seit einem Jahr hier.

Suchen Sie etwas?

旅行者 : Wie komme ich zum Rathaus?

マコト : Sehen Sie die Kirche dort?

Vor der Kirche ist das Rathaus.

旅行者 : Vielen Dank!

マコト : Bitte schön!

★パートナー練習★　下線部を入れかえて練習しましょう。　*CD-54*

1. A: Wo ist die Post?

B: <u>Neben dem Kaufhaus</u> ist die Post.

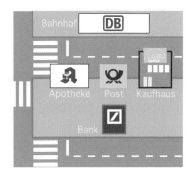

（1）Hinter der Bank

（2）Vor dem Bahnhof

（3）Neben der Apotheke

2. A: Wohin fährst du?

B: Ich fahre <u>zur Uni</u>.

（1）zum Rathaus

（2）zur Bibliothek

（3）zum Supermarkt

① 前置詞

前置詞は主として3格または4格の名詞および代名詞と結びつきます（格は主に冠詞によって示されます）。これを前置詞の格支配といいます。

（1）3格支配の前置詞

> aus （〜から）　bei （〜のところで、〜のさいに）　mit （〜と一緒に、〜で）　nach （〜の後で、〜へ）
> seit （〜以来）　von （〜の、〜について）　zu （〜のところへ）など

Ich wohne bei meiner Tante.　　　私はおばのところに住んでいる。
Wir spielen mit ihm Tennis.　　　私たちは彼とテニスをする。

（2）4格支配の前置詞

> durch （〜を通って）　für （〜のために）　gegen （〜に反対して）　ohne （〜なしで）
> um （〜のまわりに）など

Durch den Park kommt ein Mann.　　その公園を通って一人の男がやって来る。
Er arbeitet für seine Kinder.　　　彼は子供たちのために働いている。

（3）3・4格支配の前置詞

> an （〜のきわ）　auf （〜の上）　hinter （〜の後ろ）　in （〜の中）　neben （〜の横）
> über （〜の上方）　unter （〜の下）　vor （〜の前）　zwischen （〜の間）

動作が行なわれる場所を示すときは3格、場所への方向を示すときは4格を支配します。

Wo ist Hans ?　　　　　　　— Er ist in dem Zimmer.
ハンスはどこにいますか。　　　　彼はその部屋の中にいます。

Wohin geht Hans ?　　　　　— Er geht in das Zimmer.
ハンスはどこへ行くのですか。　　彼はその部屋の中へ行きます。

② 前置詞と定冠詞の融合形

前置詞の中には定冠詞と融合した形をとるものがあります。

Wir gehen heute Abend <u>ins</u> Kino.　　　私たちは今晩映画を観に行きます。
　　　　　　　　　(in das)

Herzlichen Glückwunsch <u>zum</u> Geburtstag!　誕生日おめでとう！
　　　　　　　　　　(zu dem)

その他、ans (= an das), am (= an dem), im (= in dem) などがあります。

知っておくと便利な表現

zu Fuß	徒歩で	Ich gehe zu Fuß ans Meer.	私は海へ歩いて行く。
um 〜 Uhr	〜時に	Der Unterricht beginnt um neun Uhr.	その授業は9時に始まる。
nach Hause	家へ	Er kommt nach Hause.	彼は帰宅する。
zu Hause	家に	Wir sind morgen zu Hause.	私たちは明日家にいる。

添付 CD 終了のお知らせ

　本テキストの音声は、添付 CD でのご提供から、**音声アプリ「リスニング・トレーナー」**（無料）と**ストリーミング配信**でのご提供に変更いたしました。

　リスニング・トレーナー、ストリーミング配信のご利用方法は、テキスト内の記載をご覧ください。

朝日出版社　第一編集部

1. 適切な前置詞を選びなさい。　*CD-55*

(1) Was machst du heute?　— Ich spiele (　　　　　) meiner Schwester Tennis.
　　　　　　　　　　　　　　　　　　　　　　　[für / auf / mit]

(2) Ich wohne in dieser Stadt (　　　　　) drei Jahren.　　[ohne / seit / durch]

(3) Woher kommt ihr?　— Wir kommen (　　　　　) Österreich.　[zu / auf / aus]

(4) Er geht (　　　　) dem Essen ins Kino.　　　　　　[nach / an / um]

(5) Wo ist mein Hund?　— Er ist (　　　　) dem Stuhl.　　[auf / in / über]

2. 前置詞の3・4格支配に気をつけて、適切な定冠詞を選びなさい。　*CD-56*

(1) Der Kalender hängt an (　　　　) Tür. 囡　　　　　　[der / die]

(2) Klaus stellt eine Flasche Wein auf (　　　　) Tisch. 團　　[dem / den]

(3) Eine Katze schläft unter (　　　　) Bett. 囲　　　　　[dem / das]

(4) Sabine fährt mit dem Bus in (　　　　) Stadtmitte. 囡　　[der / die]

(5) Wir gehen morgen in (　　　　) Theater. 囲　　　　　[dem / das]

3. ドイツ語に訳しなさい。　*CD-57*

(1) あなたはどうやってハンブルクへ行きますか。— 私は車で行きます。
　　　[wie / Hamburg / nach / mit / Auto 囲 定冠詞つきで / fahren]

(2) アンドレアはどこに住んでいるのですか。— 彼女はスイスに住んでいます。
　　　[Andrea / Schweiz 囡 定冠詞つきで / wohnen]

(3) 君たちはどこへ行くの? — 僕たちはコンサートへ行くんだ。
　　　[wohin / ins Konzert / gehen]

4. CD を聞いて、(　) に前置詞を入れなさい。　*CD-58*

(1) Wohin fahren Sie im Sommer?　— Ich fahre (　　　　) Italien.

(2) Woher kommt die Dame?　— Sie kommt (　　　　) den USA.

(3) Wo ist dein Vater?　— Er ist (　　　　) der Küche.

(4) Wie fährst du nach Wien?　— Ich fahre (　　　　) dem Zug.

★コラム★　ドイツの街と旅行事情

　　　　　　ドイツ連邦共和国という国名にも象徴されるように、ドイツでは各州（地方）の独立性が強く、その一例として各都市、各地方をまんべんなく結んでいる鉄道網が挙げられるでしょう。小国が集まって神聖ローマ帝国を形成していたというドイツの歴史もこのことと無関係ではありません。限られた時間で街を見て歩きたい旅行者にとって、ドイツの鉄道は心強い味方です。たとえば超高速特急の ICE は、フランクフルトとミュンヘンを約3時間で結び、ゆったりとした車内も非常に快適です。

　目的地に着いたら、まずは i マークの観光案内所を訪ねましょう。街の地図や主な見どころのパンフレットを入手することができます。また、ホテルの予約もできます。

　街めぐりをするには、たとえば中央広場（Marktplatz）を起点とするとよいでしょう。広場やあるいはその近くには、市庁舎や教会など、散策の目印になる建物があります。歩き疲れたときには、教会に立ち寄ってみてはいかがでしょうか？どんな小さな街にも、その街の歴史と共に歩んできた教会があります。ミサや礼拝の時間以外も、夕刻までは誰でも入ることができます。教会の中はひんやりとした空気に満たされており、場合によっては静かに祈っている人を見かけることもあります。精微な彫刻による装飾、十字架や聖画、ミサで使われるお香のかすかな匂いなどがかもし出す厳かな雰囲気を感じながら心静かな一時を過ごすのも、街めぐりの魅力のひとつです。高いところが平気な人ならば、さらに塔まで登って街を一望することをお勧めします。石畳の道に赤い屋根の家々、そして街をとりかこむ森まで見渡すと、この国がグリム兄弟のメルヘンの故郷であることを実感するに違いありません。

★数詞④（30 〜 39）★　　CD-59

-ßig のつづりに注意してください。空欄を埋めてみましょう。

30	dreißig		35	fünfunddreißig
31	....		36	....
32	....		37	....
33	dreiunddreißig		38	....
34	....		39	....

マコトがある町の観光案内所でホテルを予約します。　*CD-60,61*

マコト : Guten Tag!

職　員 : Guten Tag! Bitte schön?

マコト : Ich möchte ein Einzelzimmer

für heute reservieren.

Können Sie mir bitte ein Hotel empfehlen?

職　員 : Da haben wir das Hotel Sonne.

Es liegt in der Nähe von hier.

Ein Einzelzimmer mit Dusche kostet 35 Euro.

マコト : Kann man zu Fuß zum Hotel gehen?

職　員 : Ja, es dauert nur fünf Minuten.

マコト : Gut. Ich nehme das Zimmer.

★パートナー練習★　下線部を入れかえて練習しましょう。　*CD-62*

A: Guten Tag! Bitte schön?

B: Ich möchte <u>ein Hotelzimmer</u> reservieren.

（1）ein Einzelzimmer　（mit Bad）

（2）ein Doppelzimmer　（mit Dusche）

（3）ein Dreibettzimmer（ohne Bad）

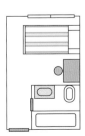 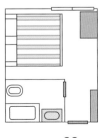 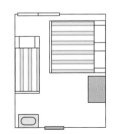

① 話法の助動詞

「可能・願望・許可・義務」といった意味をつけ加えるのが話法の助動詞です。助動詞は主に不定詞（動詞の原形）と共に用いられ、その場合不定詞は文末に置かれます。

Ich spiele Tennis.　　　私はテニスをする。

　　　┌─枠構造─┐
Ich ｜kann｜ Tennis ｜spielen｜. 私はテニスをすることができる。
　　　　　　　文末

② 話法の助動詞の現在人称変化

	dürfen ～してよい	können ～できる	mögen ～かもしれない	müssen ～しなければならない	sollen ～すべきである	wollen ～するつもりである	möchte ～したい
ich	**darf**	**kann**	**mag**	**muss**	**soll**	**will**	**möchte**
du	**darfst**	**kannst**	**magst**	**musst**	**sollst**	**willst**	**möchtest**
er/sie/es	**darf**	**kann**	**mag**	**muss**	**soll**	**will**	**möchte**
wir	dürfen	können	mögen	müssen	sollen	wollen	möchten
ihr	dürft	könnt	mögt	müsst	sollt	wollt	möchtet
sie/Sie	dürfen	können	mögen	müssen	sollen	wollen	möchten

単数1人称と3人称の形は同じで、du の場合その形に st がつきます（müssen は例外）。

③ 話法の助動詞の主な意味

dürfen

Darf ich hier rauchen?　　　ここでタバコを吸ってもいいですか。

— Nein, Sie dürfen hier nicht rauchen.　　いいえ、ここでタバコを吸ってはいけません。

können

Wir können Auto fahren.　　　私たちは車の運転ができます。

Das kann sein.　　　そうかもしれない。

müssen

Ihr müsst fleißig Deutsch lernen.　　　君たちは熱心にドイツ語を勉強しなければならない。

Er muss krank sein.　　　彼は病気にちがいない。

möchte

Ich möchte mit Herrn Schmidt sprechen.　　私はシュミットさんと話したいのですが。

話法の助動詞は単独で使われる場合もあります。

Ich mag ihn.　　　私は彼が好きです。

Ich möchte eine Tasse Kaffee.　　　コーヒーを一杯欲しいのですが。

1. (　　) に話法の助動詞を人称変化させて入れなさい。　*CD-63*

(1) (　　　　　) Sie Bier trinken?　— Nein, ich (　　　　　　) ein Kännchen Tee. [möchte]

(2) Wohin (　　　　) du in den Ferien reisen?

　— Ich (　　　　　) nach Prag reisen.　　　　　　　　　　　　　[wollen]

(3) Wo (　　　　　) ich Deutsch lernen?

　— In der Sprachschule (　　　　　) Sie Deutsch lernen.　　　　[können]

(4) In der Bibliothek (　　　　) ich Hausaufgaben machen.　　　　[müssen]

(5) (　　　　) ich Sie stören?　— Ja, bitte herein!　　　　　　　　[dürfen]

2. 日本語に訳しなさい。　*CD-64*

(1) Soll ich die Tür schließen?

(2) Darf ich dieses Bild fotografieren?

(3) Wollen wir ins Museum gehen?

(4) Hier darf man nicht parken.

3. ドイツ語に訳しなさい。　[下線部は文頭に]　*CD-65*

(1) 君はいったい何をするつもりなんだ？　　　　　　　　　[eigentlich / tun]

(2) その問題を君たちは解決しなければなりません。　　　[Problem ⊞ / lösen]

(3) だれがドイツ語を話すことができますか？

　　—私の両親がドイツ語を話すことができます。　　　[Eltern 複 / sprechen]

4. CD を聞いて、(　　) に話法の助動詞を書きなさい。　*CD-66*

(1) (　　　　　　) ich zu Fuß zum Hotel gehen?

　— Ja, Sie (　　　　　　) in zehn Minuten dort sein.

(2) Bis wann (　　　　　) ich das Zimmer frei machen?　— Bis zwölf Uhr, bitte.

(3) (　　　　　) Sie in der Stadtmitte wohnen?　— Ja, natürlich.

(4) Wie viel (　　　　　) Sie ausgeben?　— Ungefähr 35 Euro für eine Nacht.

★コラム★　ユーロと欧州連合

　2002 年 1 月 1 日、欧州連合（EU）のうち 12 カ国（ドイツ、フランス、オーストリア、イタリア、オランダ、ベルギー、ルクセンブルク、スペイン、ポルトガル、フィンランド、アイルランド、ギリシャ）が共通通貨ユーロに完全移行しましたが、その後スロベニア、キプロス、マルタ、そしてスロヴァキア、エストニア、ラトビア、リトアニアが加わり 19 カ国となりました（2018 年 8 月現在）。EU 28 カ国のうちこの 19 カ国への旅行なら、通貨の両替は必要ありません。なお欧州中央銀行はフランクフルトにあります。

　紙幣（お札）は、5,10,20,50,100,200,500 の 7 種類。硬貨（コイン）は、1,2,5,10,20,50 セント（1 ユーロは 100 セント）、そして 1 ユーロと 2 ユーロの 8 種類です。なお、ドイツ語ではユーロはオイロ（Euro）、セントはツェント（Cent）です。

H：man はいつ使うの？

G：不特定の人に使うのよ

H：じゃあ動詞の変化はどうなるの？

G：er や sie といった 3 人称単数の変化になるのよ

H ： Hänsel　G ： Gretel

★数詞⑤（40 ～ 59）★　　*CD-67*

空欄を埋めてみましょう。

40	vierzig	50	fünfzig
41	....	51	....
42	zweiundvierzig	52	....
43	....	53	....
44	....	54	....
45	....	55	....
46	....	56	....
47	....	57	siebenundfünfzig
48	....	58	....
49	....	59	....

マコトがフランクフルト中央駅で切符を買おうとしています。

CD-68,69

マコト： Guten Tag! Einmal nach Köln bitte.

窓口係： Guten Tag!

Einfach oder hin und zurück?

マコト： Einfach bitte!

窓口係： Erster Klasse oder zweiter Klasse?

マコト： Zweiter Klasse bitte.

窓口係： Einmal nach Köln, einfach, zweiter Klasse... Das macht 51 Euro.

マコト： Wann fährt der nächste Zug ab?

窓口係： Er fährt um 12.13 Uhr von Gleis 9 ab.

マコト： Danke schön. Auf Wiedersehen!

窓口係： Bitte schön. Auf Wiedersehen!

★パートナー練習★　　下線部を入れかえて練習しましょう。　*CD-70*

Ziel	Abfahrt	Ankunft	Hinweis
München	9.07	15.05	ICE, 🚃
Wien	10.02	20.05	EC, 🚃
			in Nürnberg umsteigen
Bremen	11.47	12.43	IC, 🚃
Berlin	14.21	18.04	IC, 🚃

ICE = Inter City Express, ドイツ国内の都市間超特急列車
IC　= Inter City, ドイツ国内の都市間特急列車
EC　= Euro City, ヨーロッパ都市間特急列車

A: Wann fährt der Zug nach <u>Berlin</u> ab?
B: Der Zug fährt um <u>14. 21 Uhr</u> von Hamburg ab.
A: Wann kommt der Zug in <u>Berlin</u> an?
B: Der Zug kommt um <u>18. 04 Uhr</u> in <u>Berlin</u> an.

　(1) ミュンヘン行きの列車
　(2) ウィーン行きの列車
　(3) ブレーメン行きの列車

1 分離動詞

「アクセントのある前つづり＋基礎動詞」の形をした動詞を分離動詞と呼び、辞書の見出し語には分離線が入っています。基礎動詞が主語に応じた人称変化をして、前つづりは文末に置かれます。

auf|stehen　　　　Ich [stehe] morgen früh [auf]. 　私は明朝早く起きます。
↑
アクセント　　　　　　　　　　前つづりは文末だよ
↓
ab|fahren　　　　Wann [fährt] der Zug von Köln [ab]?　その列車は何時にケルンを出発しますか。

2 命令形

人に依頼をするときに使う形式を命令形と呼び、動詞の不定詞（原形）の語幹に語尾をつけてつくります。

不定詞	Sie に対する命令 語幹＋en Sie	du に対する命令 語幹＋(e)	ihr に対する命令 語幹＋t
gehen	Gehen Sie!	Geh!	Geht!
aufstehen	Stehen Sie auf!	Steh auf!	Steht auf!

Gehen Sie bitte hier geradeaus!　　ここをまっすぐ行ってください。
Steh morgen um sieben auf!　　　　明日は7時に起きなさい。

links　rechts
geradeaus

3 時刻表現

テレビ・ラジオの時報や鉄道・バス等の時刻表では24時間制の表現が使われますが、日常生活では12時間制の表現が使われることが多いです。

24 時間制		12 時間制	
13 時 00 分	dreizehn Uhr	1 時	eins
13 時 05 分	dreizehn Uhr fünf	1 時 5 分過ぎ	fünf nach eins
13 時 30 分	dreizehn Uhr dreißig	1 時半	halb zwei
13 時 45 分	dreizehn Uhr fünfundvierzig	2 時 15 分前	Viertel vor zwei
14 時 00 分	vierzehn Uhr	2 時	zwei

Um wie viel Uhr fährt unser Zug ab?　— Er fährt um neun Uhr dreißig ab.
何時に私たちの列車は発車しますか。　　　9 時 30 分に発車します。

Wie spät ist es jetzt?　— Es ist halb zwölf.
今何時ですか。　　　　　11 時半です。

1. （　　）に分離動詞を人称変化させたものと前つづりを入れなさい。　*CD-71*

   (1) Ich (　　　　　) das Essen für die Geburtstagsparty (　　　　　). ［vor|bereiten］

   (2) Maria (　　　　　) jeden Morgen um sechs Uhr (　　　). ［auf|stehen］

   (3) (　　　　　) du mich morgen (　　　)? ［an|rufen］

   (4) Mein Kind (　　　　　) jeden Tag viel (　　　). ［fern|sehen］

2. 次の文を（　　）内の助動詞を使った文に書きかえなさい。　*CD-72*

   (1) Monika steigt in Köln um. ［müssen］

   (2) Paul nimmt am Deutschkurs teil. ［wollen］

   (3) Machst du die Tür zu? ［können］

3. ［　　］内のドイツ語の語句を並べかえて文を完成させなさい。　*CD-73*
  ［動詞は必要に応じて人称変化させること］

   (1) 君は今日何時に家に帰ってくるの？ ［heute / wann / nach Hause / zurück|kommen］

   (2) 君たちは週末に何か予定があるの？ ［etwas / am Wochenende / vor|haben］

   (3) ゆっくり話してください。 ［bitte / langsam / Sie / sprechen］

4. 駅での次の放送を聞き、それぞれの問いの答えを選択肢の中から選びなさい。　*CD-74*

   (1) ブレーメン行きの列車の切符の値段

     a) 39,80 Euro   b) 51,80 Euro   c) 41,80 Euro

   (2) ブレーメン行き列車が到着するホーム

     a) 1番線   b) 4番線   c) 2番線

   (3) ブレーメン行き列車の発車時刻

     a) 16時48分   b) 17時58分   c) 19時18分

★コラム★　ドイツの料理

ドイツ料理というとソーセージにザウアークラウト（酢漬けのキャベツ）、山盛りのジャガイモ、それにビールといったイメージを思い浮かべる人が多いかと思います。

ソーセージやハムは種類が多く、味もよく、日本のものに比べると肉本来のおいしさがきわだっています。フランクフルターやニュルンベルガーなどご当地名物のソーセージも数多くあります。また、薄切りハム・ソーセージの盛り合わせはドイツ人の夕食に欠かせない一品です。

安価で貯蔵がきくジャガイモは、冬が長く週末に店が閉まってしまうドイツでは、主婦にとってありがたい味方でした。塩ゆでのほか、すりおろして小麦粉と混ぜ、団子にしてゆでたり、パンケーキとして焼くなど、さまざまなジャガイモ料理があります。しかし最近ではジャガイモの消費量が減り、「ドイツ人のジャガイモ離れ」という声もあがるほどです。

ドイツでは町のいたるところにパン屋があります。パンの種類は非常に多く、日本のものに比べると食べごたえがあり、「さすが主食」といった趣があります。ドイツ人が好きな黒パンは酸味があって、日本人は抵抗感を覚えることが多いのですが、バターと蜂蜜をつけく食べるとなかなかおいしいものです。

★数詞⑥（60～100）★　CD-75

60	sechzig	70	siebzig	80	achtzig
90	neunzig	100	hundert		

ザビーネがマコトをコンサートに誘います。　CD-76,77

ザビーネ： Hörst du gern Mozart, Makoto?

マコト： Ja, ich interessiere mich sehr für klassische Musik.

ザビーネ： Kommst du dann morgen mit mir ins Konzert? Auf dem Programm steht Mozart.

マコト： Ja, gern! Wann treffen wir uns?

ザビーネ： Um halb acht, vor dem Konzertsaal.

マコト： Meinst du das weiße Gebäude?

ザビーネ： Nein, der Konzertsaal ist daneben. Das gelbe Gebäude.

マコト： Alles klar. Ich freue mich schon auf das Konzert.

ザビーネ： Also, bis morgen!

★パートナー練習★　下線部を入れかえて練習しましょう。　CD-78

A: Wofür interessieren Sie sich?

B: Ich interessiere mich für klassische Musik.

(1) Fußball　　(2) Baseball　　(3) Reisen　　(4) Computer　　(5) Popmusik

形容詞の用法		
１．述語として	Die Studentin ist **fleißig**. その女子学生は熱心です。	
２．副詞として	Die Studentin lernt **fleißig** Italienisch. その女子学生は熱心にイタリア語を勉強します。	
３．付加語として	Die **fleißige** Studentin lernt auch Japanisch. その熱心な女子学生は日本語も勉強します。	

① 形容詞の格変化

形容詞が付加語として名詞を修飾するとき、名詞の性、数、格に応じて語尾変化をともないます。ここでは1格と4格だけを表示してありますが、詳細は巻末の表（57ページ）を参照してください。

(1) 冠詞をともなわない場合：形容詞＋名詞

	男　性	女　性	中　性	複　数
1格	rot**er** Wein	warm**e** Milch	kalt**es** Bier	frisch**e** Eier
4格	rot**en** Wein			

(2) 定冠詞をともなう場合：定冠詞（類）＋形容詞＋名詞

	男　性	女　性	中　性	複　数
1格	der schwarz**e** Hund	die weiß**e** Katze	das neu**e** Auto	die alt**en** Autos
4格	den schwarz**en** Hund			

(3) 不定冠詞をともなう場合：不定冠詞（類）＋形容詞＋名詞

	男　性	女　性	中　性	複　数
1格	ein schwarz**er** Hund	eine weiß**e** Katze	ein neu**es** Auto	meine alt**en** Autos
4格	einen schwarz**en** Hund			

② 再帰代名詞と再帰動詞

ひとつの文の中で主語と同じものを表す代名詞を再帰代名詞と呼び、3格と4格があります。

(1) 再帰代名詞

	ich	du	er/sie/es	wir	ihr	sie	Sie
3格	mir	dir	sich	uns	euch	sich	sich
4格	mich	dich					

人称代名詞（26ページを参照）と比べてください。

(2) 再帰動詞

再帰代名詞と結びついて、熟語のような意味をつくる動詞です。4格の再帰代名詞をとるものが多いです。辞書には 再、refl などと記された項に意味がのっています。

【sich⁴ an 4格 erinnern】

　Ich erinnere mich an die Europareise.　　私はそのヨーロッパ旅行を思い出す。

【sich⁴ für 4格 interessieren】

　Interessierst du dich für Fußball?　　君はサッカーに興味がある？

1. 下線部に適切な形容詞の格変化語尾を入れなさい。　*CD-79*

   (1) Die rot＿＿ Rose gefällt mir sehr.

   (2) Ich möchte einen klein＿＿ Hund.

   (3) Der neu＿＿ Film ist sehr interessant.

2. (　　) に適切な再帰代名詞を入れなさい。　*CD-80*

   (1) Ich setze (　　　　　　) ans Fenster.

   (2) Interessierst du (　　　　　　) für Geschichte?

   (3) Wir erinnern (　　　　　　) oft an unsere Großeltern.

3. ドイツ語に訳しなさい。　*CD-81*

   (1) 私は環境保護に興味があります。　　　　　　　　　　　［ Umweltschutz 男 無冠詞で ］

   (2) 彼女は長い休みを楽しみにしています。　　［ Ferien 複 定冠詞つきで / lang / sich⁴ auf 4 格 freuen ］

   (3) 彼は温かいスープと焼きたてのパンを食べています。
                ［ Suppe 女 無冠詞で / warm / frisch / Brot 中 無冠詞で / essen ］

4. CD を聞いて、絵を選びなさい。　*CD-82*

    (1)　　　　　　　(2)　　　　　　　(3)

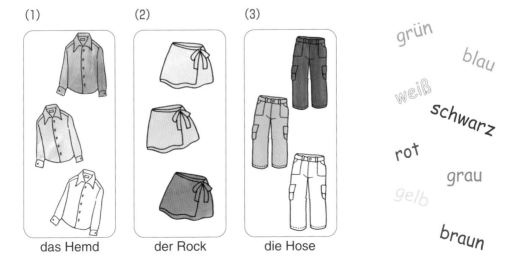

   das Hemd　　　　der Rock　　　　die Hose

grün　blau　weiß　schwarz　rot　grau　gelb　braun

★コラム★　ドイツのクリスマス

Adventskalender

　ドイツのクリスマス（Weihnachten）期間は4週間あります。12月25日と26日が祝日であり、その前の約4週間を待降節と言います。

　待降節第1主日に続く1週間を第1アトヴェント（Advent）と言います。そして、次の1週間が第2アトヴェント。こうして第4アトヴェントに入りますと、いよいよクリスマス本番です。

　町の中央広場にはクリスマスの市や露天の屋台が建ち並んで1年中で最も賑わいます。各家庭では、24日にツリーを飾りつけ、1月6日まで出しておくのが普通です。

　この時期には、美しいアトヴェンツクランツ（Adventskranz）が見られます。モミの木の葉と枝を組み合わせて作られた丸い環には赤いロウソクが4本立てられ、赤いリボンがその環を飾ります。第1アトヴェントの初日に1本のロウソクに火が灯され、第2アトヴェントには2本のロウソク、第3アトヴェントには3本、そして4本のロウソクすべてに火が灯りますと、クリスマスイヴはもうすぐそこまで来ています。アトヴェンツカレンダーも華を添えてくれます。12月1日から24日までの日付が書かれた24枚の扉がついたカレンダーで、子供たちは1日ごとにこの小さな扉を開け、中に入っているお菓子やチョコレートを取り出します。この時期に人々はドイツのクリスマス・ケーキであるシュトレン（Stollen）を食べます。11月末ごろに作られ、表面に塗ったバターと粉砂糖が生地に染みてくる2週間後ごろが食べどきです。24日のクリスマスイヴと25日のクリスマス第1日を、ドイツの人々は家族で静かに過ごし、商店なども翌26日までほとんど閉まっています。

　また、ヨーロッパでは、12月6日が聖ニコラウス祭にあたります。サンタクロースのモデルにもなっている聖ニコラウスは、紀元300年頃現在のトルコで布教に努めた聖人であり、5日の深夜から6日の未明にかけて靴下の中にプレゼントを入れてくれます。しかし悪い子には、鬼の形相をして鞭を持っているお供のループレヒトから罰が与えられます。

　クリスマスカードやプレゼントを贈るときは、待降節に入ったらすぐ送りましょう。

Stollen

アウクスブルクのクリスマス市

マコトがオーストリア人の家族に招待され、滞在中のインスブルックからザビーネに出した手紙です。マコトの友人ケンタも招かれました。　CD-83,84

Innsbruck, den 19. Dezember 2012

Liebe Sabine!

Seit drei Tagen bin ich hier bei Familie Schmidt. Es ist ziemlich kalt. Schnee gibt es schon genug. Gestern konnten wir Ski laufen. Es war ganz toll.

Am Nachmittag kam mein japanischer Freund Kenta aus Salzburg.

Er ist Musikstudent. Einmal war er mit mir bei euch zu Besuch. Damals hatte er lange blonde Haare. Jetzt hat er kurze schwarze Haare. Wenn du ihn siehst, musst du sicher lachen!

Am Abend spielte er für uns Klavier. Natürlich waren wir alle begeistert.

Es gefällt mir hier sehr gut.

Herzliche Grüße

Dein Makoto

インスブルックにて、2012年12月19日
ザビーネへ
3日前から当地にてシュミット家に滞在しています。
かなり寒いです。雪はもう十分にあります。
昨日はスキーをすることができました。とてもよかったです。
午後に日本人の友人ケンタがザルツブルクからやってきました。
彼は音楽大学の学生です。以前僕といっしょに君たちの家を訪問したことがあります。当時の彼は長い金髪だったけれど今は短い黒髪にしています。彼を見れば君はきっと笑い出すに違いない！
晩に彼は僕たちのためにピアノを演奏してくれました。もちろん僕たちはみんな感動しました。
ここがとても気に入っています。

心からのあいさつを
マコトより

★パートナー練習★　　下線部を入れかえて練習しましょう。　CD-85

A: Waren Sie einmal in Deutschland?
B: Nein, aber ich war einmal in Österreich.

(1) China, Korea　　(2) Frankreich, Belgien

(3) Italien, Spanien　　(4) Russland, Schweden

① 動詞の三基本形

不定詞（動詞の原形）、過去基本形、過去分詞を三基本形と呼び、規則変化と不規則変化があります。過去形の文には過去基本形を、現在完了の文には過去分詞を用います。

(1) 規則変化

過去基本形は語幹に te をつけてつくります。過去分詞は語幹の前に ge を、後に t をつけてつくります。

不定詞	過去基本形	過去分詞
_____ en	_____ te	ge _____ t
lernen	lernte	gelernt
kaufen	kaufte	gekauft

(2) 不規則変化

教科書、辞書の巻末の変化表に表示してあります。

不定詞	過去基本形	過去分詞
sein	war	gewesen
haben	hatte	gehabt
kommen	kam	gekommen
stehen	stand	gestanden
gehen	ging	gegangen
bringen	brachte	gebracht
auf│stehen	stand ... auf	aufgestanden

② 過去人称変化

過去人称変化は過去基本形からつくられます。単数の１人称と３人称は同形です。

不定詞		lernen	sein	haben	kommen
過去基本形		**lernte**	**war**	**hatte**	**kam**
ich	—	lernte	war	hatte	kam
du	—st	lerntest	warst	hattest	kamst
er/sie/es	—	lernte	war	hatte	kam
wir	—(e)n	lernten	waren	hatten	kamen
ihr	—t	lerntet	wart	hattet	kamt
sie/Sie	—(e)n	lernten	waren	hatten	kamen

Er war damals reich, aber er hatte keine Freunde.
彼は当時裕福だったが友人がいなかった。

Er kam zu spät zum Deutschunterricht.
彼はドイツ語の授業に遅刻した。

1．次の動詞の過去基本形と過去分詞を例にならって書きなさい。　*CD-86*

例： kommen － <u>kam</u> － <u>gekommen</u>

(1) spielen　　(2) warten　　(3) lesen　　(4) denken　　(5) trinken

(6) essen　　(7) können　　(8) nehmen　　(9) schlafen　　(10) werden

2．次の文を過去形に書きかえなさい。　*CD-87*

(1) Er ist müde.

(2) Sie sagt die Wahrheit.

(3) In diesem Wald gibt es viele Bären.

(4) Der Bus fährt bald ab.

3．過去形を用いて、ドイツ語に訳しなさい。　*CD-88*

(1) 私は病気だった。　　　　　　　　　　　　　　　　　　　　　　　　[krank / sein]

(2) ザビーネは昨日頭痛がした。　　　　　　　　　　[gestern / Kopfschmerzen / haben]

(3) 私はその映画を見ることができた。　　　　　　　　　　[den Film sehen / können]

4．CD を聞いて、過去形を選択肢の中から選びなさい。　*CD-89*

(1) Beim Finale der Frauenfußball-WM (　　　　　　　) Japan die USA.

(2) Das Spiel (　　　　　　) wirklich spannend.

(3) Die US-Fußballerinnen (　　　　　　) sehr stark,

aber das Team Nadeshiko hielt bis zum Elfmeterschießen durch.

(4) Zum ersten Mal (　　　　　　) Japan Weltmeister.

(5) Kapitän Sawa (　　　　　) die Trophäe hoch.

［ wurde / hob / war / besiegte / waren ］

(1) サッカー女子W杯決勝で日本がアメリカに勝利した。
(2) 本当に緊迫した勝負だった。
(3) アメリカの選手はとても強かったが、なでしこジャパンは最後まで粘ってＰＫ戦に持ち込んだ。
(4) 日本ははじめて世界チャンピオンになったのだ。
(5) キャプテンの澤はトロフィーを高々と掲げた。

★コラム★　きよしこの夜　*CD-90,91*

Stille Nacht, heilige Nacht!
Alles schläft, einsam wacht
nur das traute hochheilige Paar.
Holder Knabe im lockigen Haar,
schlaf in himmlischer Ruh,
schlaf in himmlischer Ruh.

　「きよしこの夜」（Stille Nacht, heilige Nacht）は1818年のクリスマスイブに、オーストリアのザルツブルク近郊のオーベルンドルフという村で生まれました。作詞は教会の副司祭のヨーゼフ・モーア、作曲は小学校教師兼教会オルガニストのフランツ・グルーバー。原曲は素朴なギター演奏によるものでした。

　その後、チロル地方を経て、ヨーロッパ各国に広がり、やがては世界中で知られることになります。300以上の言語に翻訳されていますが、日本では、昭和初期に由木康牧師の日本語訳詞によって広く歌われるようになったそうです。現在でも、クリスマスイブには多くの人がオーベルンドルフに集まり、みんなで合唱しています。200周年にあたる2018年12月24日には、約7,000人の人々がこの地を訪れています。

従属の接続詞

従属の接続詞を使った文（副文）では定動詞を文末に置きます。

weil（～なので）　dass（～ということ）　wenn（～の場合）　ob（～かどうか）　als（～したとき）

枠構造

従属の接続詞　　　　　　　　　　　　　　　　　定動詞
Wir bleiben zu Hause, | weil | das Wetter so schlecht | ist |.

主　文　　　　　　　　　副　文

天気がとても悪いので、私たちは家にいる。　　　　　　　Das Wetter | ist | so schlecht.

Wissen Sie, dass er krank ist?　　　　　　彼が病気だということをあなたはご存知ですか。

Wenn du ihn siehst, musst du sicher lachen!　彼を見れば君はきっと笑い出すに違いない！

＊従属の接続詞の練習問題は Lektion 11 の追加練習問題［切り離し提出用］にあります。

ザビーネとマコトがレストランで食事をします。彼女が少し遅れて来ました。　CD-92,93

ザビーネ ： Hallo, Makoto!

　　　　　 Wartest du schon lange?

マコト ： Nein, nein, ich bin gerade gekommen.

　　　　　 Ich lese jetzt die Speisekarte.

ウェイター ： Haben Sie etwas gefunden?

マコト ： Ja, ich nehme ein Wiener Schnitzel.

　　　　　 Und ein Bier bitte!

ザビーネ ： Schon wieder Schnitzel?

　　　　　 Letzte Woche hast du auch Schnitzel gegessen, nicht wahr?

マコト ： Warum nicht? Das hat doch sehr gut geschmeckt.

Eisbein
mit Sauerkraut

Wienerschnitzel
mit Pommes frites

Sachertorte
mit Sahne

★パートナー練習★　　下線部を入れかえて練習しましょう。　　CD-94

A: Hast du in Österreich <u>Wiener Schnitzel gegessen</u>?

B: Nein, aber ich habe <u>Eisbein gegessen</u>.

(1) Gulasch gegessen, Knödel gegessen

(2) Sachertorte gegessen, Apfelstrudel gegessen

(3) Bier getrunken, Wein getrunken

(4) Kaffee getrunken, Schokolade getrunken

① 現在完了

> $\boxed{\text{haben/sein の現在人称変化}}$ ····· $\boxed{\text{過去分詞}}$
> 　　　　　　　　　　　　　　　　　　　文末

①現在完了は haben あるいは sein と過去分詞を組み合わせてつくります。

②過去分詞は文末に置きます。

③場所の移動や状態の変化を表す自動詞（kommen, werden, sein など）は sein と組み合わせます。

Ich spiele Tennis.　　　→　　Ich $\boxed{\text{habe}}$ Tennis $\boxed{\text{gespielt}}$.
　　　　　　　　　　　　　　　　　　　haben　　　　　　過去分詞
私はテニスをする。　　　　　　私はテニスをした。

Ich fahre nach Polen. →　Ich $\boxed{\text{bin}}$ nach Polen $\boxed{\text{gefahren}}$.
　　　　　　　　　　　　　　　　sein　　　　　　　　過去分詞
私はポーランドに行く。　　　　私はポーランドに行った。

ich	habe	
du	hast	
er/sie/es	hat	Brot gekauft.
wir	haben	パンを買った
ihr	habt	
sie/Sie	haben	

ich	bin	
du	bist	
er/sie/es	ist	nach Hause gegangen.
wir	sind	家に帰った
ihr	seid	
sie/Sie	sind	

Hast du den Film gesehen?　— Ja, als Kind habe ich ihn gesehen.
この映画を見たことがあるかい？　　　ええ、子供の時に見ましたよ。

Wir sind drei Tage in Dresden geblieben.
私たちは三日間ドレスデンに滞在しました。

② 分離動詞の現在完了

過去分詞の ge は前つづりと動詞本体の間に入れます。

Ich habe das Fenster zu**ge**macht.　　　私は窓を閉めた。

Er ist um sieben Uhr auf**ge**standen.　　彼は 7 時に起きた。

1．haben または sein の現在形を入れなさい。　*CD-95*

　　(1) Ich　（　　　　　　　　　）　am Sonntag ins Kino gegangen.

　　(2) Ich　（　　　　　　　　　）　am Dienstag Deutsch gelernt.

　　(3) Ich　（　　　　　　　　　）　am Donnerstag mit Freunden zu Mittag gegessen.

　　(4) Am Freitag　（　　　　　　　　　）　ich nach Kyoto gefahren.

　　(5) Am Samstag　（　　　　　　　　　）　ich Bier getrunken.

2．次の文を現在完了に書きかえなさい。　*CD-96*

　　(1) Was machen Sie am Wochenende?

　　(2) Er geht heute Abend ins Theater.

　　(3) Das Kind schläft zehn Stunden.

　　(4) Wir lernen in der Schule Englisch.

　　(5) Die Studentin nimmt an diesem Sprachkurs teil.

3．現在完了を用いて、ドイツ語に訳しなさい。　*CD-97*

　　(1) 私たちはベルリンへ行きました。　　　　　　　　　　　　　[nach Berlin / fahren]

　　(2) 彼が私のハンドバッグを見つけてくれました。　　　　　[meine Handtasche / finden]

　　(3) 私の孫は7時に起きました。　　　　　[Enkelkind ⊞ / um sieben Uhr / auf|stehen]

4．CD を聞いて、過去分詞を選択肢の中から選びなさい。　*CD-98*

Salzburg, den 20. August 2012

Lieber Klaus,

wie geht's dir? Ich bin jetzt in Salzburg. Die Stadt gefällt mir sehr.

Heute Vormittag habe ich Mozarts Geburtshaus (　　　　　　). Danach habe ich im

Café Tomaselli Sachertorte (　　　　　) und Kaffee (　　　　　). Am Abend bin ich in

die Oper (　　　　　). Ich habe „Die Zauberflöte" von Mozart (　　　　　). Es war

phantastisch! Morgen fahre ich nach München zurück.

Herzliche Grüße

Deine Julia

［besucht / gegangen / gegessen / gesehen / getrunken］

〈手紙の内容〉

元気ですか？私は今ザルツブルクにいます。この町はとても気に入りました。
今日の午前中にモーツァルトの生家を訪ねました。そのあとトマゼリというカフェでザッハトルテを食べ、コーヒーを飲みました。晩にオペラに行きました。モーツァルトの『魔笛』を観ました。すばらしかったです。明日私はミュンヘンへ戻ります。

Landes-
kunde

★コラム★　ドイツの映画事情

　ドイツ映画は第一次世界大戦後「カリガリ博士」や「嘆きの天使」などの名作を生んだ黄金時代（1920〜30年代）を経て、「ブリキの太鼓」、「マリア・ブラウンの結婚」などニュー・ジャーマン・シネマ（1960〜70年代）と呼ばれる一群の優れた作品を送り出しました。1980年代後半の「ベルリン天使の詩」、1990年代末の「ラン・ローラ・ラン」に続き、21世紀に入ってから「名もなきアフリカの地で」、「飛ぶ教室」、「グッバイ・レーニン」や「愛より強く」など新しいタイプの映画が日本でも上映される機会が増えています。そして「ベルンの奇蹟」、「ヒトラー〜最期の12日間〜」、「白バラの祈り」、「善き人のためのソナタ」や「ドレスデン－運命の日」など史実に基づいた緊張感あふれる映画が話題となりました。

　一方、ドイツでもハリウッド映画は人気があります。筋の込み入った社会派映画よりも比較的ストーリーの単純なものや、アクション作品などの娯楽ものが好まれるのは日本と同様です。しかし、日本と違う点は、ドイツで上映される外国映画はほとんどすべてドイツ語吹き替えになっていることです。

　ちなみに、カリフォルニア州知事を務めたことのあるアーノルト・シュワルツネッガーや、「トロイ」「ポセイドン」のヴォルフガング・ペーターゼン監督のように、ハリウッドで活躍するドイツ語圏出身の俳優や監督もいます。

過去と現在完了の使い分けについて

W：ドイツ語の日常会話では、過去の事柄は通常過去形ではなく、現在完了で表現するのだよ

R：じゃあ、過去形はいつ使うの？

W：主に昔話をするときや、小説の中などで使うのさ

R ： Rotkäppchen
W ： Wolf

中級へのステップ

① 注意すべき動詞の現在人称変化（Lektion 1）

(1) 語幹が -t や -d などで終わる動詞

arbeiten (働く), warten (待つ), finden (見つける) など

主語が du, er/sie/es, ihr のとき、語幹が -t や -d などで終わる動詞を人称変化させると、子音が重なり、発音しづらくなるので、「e」を入れます。これを「口調上の e」といいます。

ich	arbeite	wir	arbeiten
du	arbeitest	ihr	arbeitet
er / sie / es	arbeitet	sie / Sie	arbeiten

☆ warten, finden を変化させてみよう。

(2) 語幹が -s, -ß,-z などで終わる動詞

reisen (旅行する), heißen (～という名である), tanzen (踊る) など

発音上の理由で、主語が du のときの人称変化形は「語幹 + st」ではなく「語幹 + t」となります。

ich	reise	wir	reisen
du	reist	ihr	reist
er / sie / es	reist	sie / Sie	reisen

☆ heißen, tanzen を変化させてみよう。

② 定冠詞類（Lektion 3）

定冠詞と似た変化をする冠詞の仲間です。

dieser (この), jeder (それぞれの), welcher (どの) など

	男　性	女　性	中　性	複　数
1格	dieser	diese	dieses	diese
2格	dieses	dieser	dieses	dieser
3格	diesem	dieser	diesem	diesen
4格	diesen	diese	dieses	diese

語尾の形が定冠詞とよく似ています。14ページの表と比べてみましょう！

Dieser Film ist interessant.　　　この映画は面白いです。

Welche Torte möchtest du ?　　　どのケーキがほしいの？

③ 男性弱変化名詞（Lektion 3）

男性名詞の der Student を辞書で引くと、性別記号の次に「-en/-en」という記載があります。
<u>左の en は単数 2 格の語尾</u>を、右の en は複数の語尾を示します。こうした名詞は 3 格と 4 格で
も語尾に en がつきます。なお、語尾が en ではなく n になるものもあります。

辞書の記載　-en/-en　　　　　　　　　　-n/-n

単数	複数	単数	複数
der　Student	die Studenten	der Junge	die Jungen
des Studenten	der Studenten	des Jungen	der Jungen
dem Studenten	den Studenten	dem Jungen	den Jungen
den Studenten	die Studenten	den Jungen	die Jungen

Ich kenne **den Studenten**.　　私はその学生を知っている。

④ 否定疑問文と答え方（Lektion 4）

疑問文に否定詞 nicht や否定冠詞 kein を使った文を否定疑問文といいます。
通常の決定疑問文（10 ページ参照）では、否定する時は nein、肯定する時は ja で答えますが、
否定疑問文では、否定する時は nein、肯定する時は doch で答えます。

Sind Sie nicht müde?　— Nein, ich bin nicht müde.
疲れていませんか。　　　　はい、疲れていません。

　　　　　　　　　　　— Doch, ich bin müde.
　　　　　　　　　　　　いいえ、疲れています。

Hast du kein Handy?　— Nein, ich habe kein Handy.
携帯持ってないの？　　　　うん、持ってないよ。

　　　　　　　　　　　— Doch, ich habe ein Handy.
　　　　　　　　　　　　いや、持ってるよ。

⑤ 注意すべき人称代名詞の用法（Lektion 6）

3 人称単数の人称代名詞について、er/sie は「人」を受け、es は「物・事」を受けると思いが
ちですが、少し違います。英語ならば it で受ける「物・事」に対しても名詞の性に応じて
er/sie/es を使い分けます。

Ist der Tisch neu?　— Ja, **er** ist neu.　　　その机は新しいですか。はい、それは新しいです。

Ist die Uhr teuer?　— Ja, **sie** ist teuer.　　その時計は値段が高いですか。はい、それは高いです。

Ist das Baby süß?　— Ja, **es** ist süß.　　　その赤ちゃんはかわいいですか。はい、かわいいです。

また、3格・4格についても同様の注意が必要です。

男性名詞　女性名詞　中性名詞

	↓	↓	↓
1格	er	sie	es
3格	ihm	ihr	ihm
4格	ihn	sie	es

「物・事」をすべて中性の人称代名詞 es, ihm, es で受けないようにしよう！

Wie finden Sie **den Pullover**? — Ich finde **ihn** schick.

あなたはそのセーターをどう思いますか。— 私はそれをおしゃれだと思います。

Kennst du **die Geschichte**? — Ja, ich kenne **sie**.

君はその話を知ってるの？— うん、知ってるよ。

Gehört das Handy **dem Kind**? — Ja, es gehört **ihm**.

その携帯電話はその子のものですか。— はい、それはその子のものです。

6 2格支配の前置詞（Lektion 7）

wegen（～のため）、während（～の間）などの前置詞は2格を支配します。

Wegen der Krankheit kommt er heute nicht.　　病気のため、彼は今日来ない。

Ich jobbe **während des Semesters** gar nicht.　　私は学期中バイトをまったくしない。

7 特定の前置詞と結びつく動詞・形容詞（Lektion 7）

前置詞の中には特定の動詞と結びついて熟語をつくるものがあります。
辞書の表記に気をつけてください。

auf 4格 **warten**

　　Sie wartet lange auf ihn.　　　　彼女は長いこと彼を待っている。

an 4格 **denken**

　　Ich denke an meine Heimat.　　　私は故郷のことを思う。

unter 3格 **leiden**

　　Wir leiden unter dem Lärm.　　　私たちは騒音に悩まされている。

auf 4格 **stolz sein**

　　Julia ist stolz auf ihr Baby.　　　ユリアは彼女の赤ん坊が自慢だ。

⑧ 注意すべき命令形（Lektion 9）

（1）第5課（22ページ）で学んだ現在人称変化の不規則な動詞のうち、e → i 型と e → ie 型の
ものは、du に対する命令形でも語幹の母音が変わるので注意してください。

> sprechen の命令形： Sprechen Sie! Sprich! Sprecht!
> sehen 　　の命令形： Sehen Sie! 　Sieh! 　Seht!
> 　Sprich nicht so laut! 　　　　そんなに大声を出すなよ。
> 　Sieh mal da! 　　　　　　　　ほら見てごらんよ。

（2）sein の命令形： 　Seien Sie! Sei! Seid!
> 　Seien Sie ruhig! 　　　　　　　静かにしてください。

⑨ 形容詞の格変化（Lektion 10）

（1）冠詞をともなわない場合（強変化）：形容詞＋名詞

	男　性	女　性	中　性	複　数
1格	rot**er** Wein	warm**e** Milch	kalt**es** Bier	frisch**e** Eier
2格	rot**en** Weins	warm**er** Milch	kalt**en** Biers	frisch**er** Eier
3格	rot**em** Wein	warm**er** Milch	kalt**em** Bier	frisch**en** Eiern
4格	rot**en** Wein	warm**e** Milch	kalt**es** Bier	frisch**e** Eier

（2）定冠詞をともなう場合（弱変化）：定冠詞（類）＋形容詞＋名詞

	男　性	女　性	中　性	複　数
1格	der schwarz**e** Hund	die weiß**e** Katze	das neu**e** Auto	die alt**en** Autos
2格	des schwarz**en** Hundes	der weiß**en** Katze	des neu**en** Autos	der alt**en** Autos
3格	dem schwarz**en** Hund	der weiß**en** Katze	dem neu**en** Auto	den alt**en** Autos
4格	den schwarz**en** Hund	die weiß**e** Katze	das neu**e** Auto	die alt**en** Autos

（3）不定冠詞をともなう場合（混合変化）：不定冠詞（類）＋形容詞＋名詞

	男　性	女　性	中　性	複　数
1格	ein 　schwarz**er** Hund	eine weiß**e** Katze	ein 　neu**es** Auto	meine alt**en** Autos
2格	eines schwarz**en** Hundes	einer weiß**en** Katze	eines neu**en** Autos	meiner alt**en** Autos
3格	einem schwarz**en** Hund	einer weiß**en** Katze	einem neu**en** Auto	meinen alt**en** Autos
4格	einen schwarz**en** Hund	eine weiß**e** Katze	ein 　neu**es** Auto	meine 　alt**en** Autos

⑩ 注意すべき動詞の現在完了（Lektion 12）

be-, er-, ge-, ver-などの前つづりをもつ動詞と語尾が -ieren で終わる動詞の過去分詞には、
ge をつけません。

So ein Mist! Ich habe meinen Regenschirm im Zug **vergessen**.
しまった。傘を電車の中に忘れてしまった。

Sie hat in Heidelberg Medizin **studiert**.
彼女はハイデルベルクの大学で医学を学んだ。

⑪ 数詞

0	null	10	zehn	20	zwanzig
1	eins	11	elf	21	einundzwanzig
2	zwei	12	zwölf	22	zweiundzwanzig
3	drei	13	dreizehn	30	dreißig
4	vier	14	vierzehn	40	vierzig
5	fünf	15	fünfzehn	50	fünfzig
6	sechs	16	sechzehn	60	sechzig
7	sieben	17	siebzehn	70	siebzig
8	acht	18	achtzehn	80	achtzig
9	neun	19	neunzehn	90	neunzig

100　(ein) hundert　　1000　(ein) tausend　　10 000　zehntausend

100 000　hunderttausend　　1 000 000　eine Million

1989（数）　　　　(ein) tausendneunhundertneunundachtzig
1989（西暦）　　　neunzehn**hundert**neunundachtzig
2012（数・西暦）　zweitausendzwölf

⑫ 序数と日付

「～番目の」という意味を表す序数は、原則として 1 ～ 19 まではそれぞれの基数に -t を、20 以上は -st をつけてつくります。算用数字で表記する場合は、数の右下に . をつけます。

1. erst	7. siebt	13. dreizehn	20. zwanzigst
2. zweit	8. acht	14. vierzehn	21. einundzwanzigst
3. dritt	9. neunt	:	:
4. viert	10. zehnt	:	:
5. fünft	11. elft	18. achtzehn	30. dreißigst
6. sechst	12. zwölft	19. neunzehn	31. einunddreißigst

Mein Geburtstag ist der **27**. November. 　　私の誕生日は 11 月 27 日です。
　　　　　　　　　　（ siebenundzwanzigste ）

Das neue Semester beginnt am **1**. Oktober. 　　新学期は 10 月 1 日に始まります。
　　　　　　　　　　（ ersten ）

⑬ 曜日名

月 Montag	火 Dienstag	水 Mittwoch	木 Donnerstag	金 Freitag
土 Samstag	日 Sonntag		週末 Wochenende	

⑭ 月の名前

1月 Januar	2月 Februar	3月 März	4月 April
5月 Mai	6月 Juni	7月 Juli	8月 August
9月 September	10月 Oktober	11月 November	12月 Dezember

⑮ 季節名

春 Frühling	夏 Sommer	秋 Herbst	冬 Winter

⑯ 不規則変化動詞

不定詞	過去基本形	過去分詞	
beginnen 始まる	begann	begonnen	h
bleiben 滞在する	blieb	geblieben	s
bringen 持ちはこぶ	brachte	gebracht	h
denken 考える	dachte	gedacht	h
dürfen ～してよい	durfte	gedurft	h
empfehlen 推薦する	empfahl	empfohlen	h
essen 食べる	aß	gegessen	h
fahren (乗り物で)行く	fuhr	gefahren	s・h
fallen 落ちる	fiel	gefallen	s
fangen 捕まえる	fing	gefangen	h
finden 見つける	fand	gefunden	h
geben 与える	gab	gegeben	h
gehen 行く	ging	gegangen	s
haben 持っている	hatte	gehabt	h
halten 止まる	hielt	gehalten	h
hängen 掛かっている	hing	gehangen	h
heißen ～という名前である	hieß	geheißen	h
helfen 手伝う	half	geholfen	h
kennen 知っている	kannte	gekannt	h
kommen 来る	kam	gekommen	s
können ～できる	konnte	gekonnt	h
lassen ～させる	ließ	gelassen	h
laufen 走る	lief	gelaufen	s
leiden 悩む	litt	gelitten	h
lesen 読む	las	gelesen	h
liegen 置いてある	lag	gelegen	h

Conjugation notes (left margin):

- ich darf / du darfst / er darf
- du empfiehlst / er empfiehlt
- du isst / er isst
- du fährst / er fährt
- du fällst / er fällt
- du fängst / er fängt
- du gibst / er gibt
- du hast / er hat
- du hältst / er hält
- du hilfst / er hilft
- ich kann / du kannst / er kann
- du lässt / er lässt
- du läufst / er läuft
- du liest / er liest

不定詞	過去基本形	過去分詞	
mögen ～かもしれない	mochte	gemocht	h
müssen ～しなければならない	musste	gemusst	h
nehmen 取る	nahm	genommen	h
rufen 叫ぶ	rief	gerufen	h
schießen 射る，撃つ	schoss	geschossen	h
schlafen 眠る	schlief	geschlafen	h
schreiben 書く	schrieb	geschrieben	h
schwimmen 泳ぐ	schwamm	geschwommen	s・h
sehen 見る	sah	gesehen	h
sein ～である	war	gewesen	s
singen 歌う	sang	gesungen	h
sollen ～すべきである	sollte	gesollt	h
sprechen 話す	sprach	gesprochen	h
stehen 立っている	stand	gestanden	h
steigen 昇る	stieg	gestiegen	s
tragen 運ぶ	trug	getragen	h
treffen 会う	traf	getroffen	h
trinken 飲む	trank	getrunken	h
tun する	tat	getan	h
vergessen 忘れる	vergaß	vergessen	h
waschen 洗う	wusch	gewaschen	h
werden ～になる	wurde	geworden	s
wissen 知っている	wusste	gewusst	h
wollen ～するつもりである	wollte	gewollt	h

ich mag
du magst
er mag

ich muss
du musst
er muss

du nimmst
er nimmt

du schläfst
er schläft

du siehst
er sieht

ich bin
du bist
er ist
wir sind
ihr seid
sie sind

ich soll
du sollst
er soll

du sprichst
er spricht

du trägst
er trägt

du triffst
er trifft

du vergisst
er vergisst

du wäschst
er wäscht

du wirst
er wird

ich weiß
du weißt
er weiß

ich will
du willst
er will

① 未来の助動詞 werden, lassen, 知覚動詞

文末の不定詞と共に用いられ「枠構造」を作る動詞があります。

（1）未来（推量、意志）の助動詞 werden

ich	werde	wir	werden
du	**wirst**	ihr	werdet
er / sie / es	**wird**	sie / Sie	werden

werden はしばしば推量の意味に用いられます。

┌─ 枠構造 ─┐
Er $\boxed{\text{wird}}$ nicht $\boxed{\text{kommen}}$, weil er krank ist.　　　彼は病気なので来ないだろう。

主語が1人称のときは意志を表します。

┌─── 枠構造 ───┐
Ich $\boxed{\text{werde}}$ wieder nach Dortmund $\boxed{\text{kommen}}$.　　　私はまたドルトムントに来るつもりだ。

（2）使役の助動詞 lassen

ich	lasse	wir	lassen
du	**lässt**	ihr	lasst
er / sie / es	**lässt**	sie / Sie	lassen

┌── 枠構造 ──┐
Sie $\boxed{\text{lässt}}$ mich immer $\boxed{\text{warten}}$.　　　彼女は私をいつも待たせる。
┌── 枠構造 ──┐
$\boxed{\text{Lassen}}$ wir eine Pizza $\boxed{\text{kommen}}$?　　　ピザを取りましょうか。

（3）知覚動詞 hören, sehen

┌─── 枠構造 ───┐
Ich $\boxed{\text{höre}}$ die Leute Karaoke $\boxed{\text{singen}}$.　　　人々がカラオケを歌うのが聞こえる。
┌─── 枠構造 ───┐
Die Mutter $\boxed{\text{sieht}}$ den Sohn Fußball $\boxed{\text{spielen}}$.　　　母親は息子がサッカーをするのを見ている。

② 形容詞と副詞の比較級・最上級

	原級	比較級	最上級
	-----	----er	-----(e)st
規則的	klein	kleiner	kleinst
	alt	älter	ältest
不規則	gut	besser	best
	viel	mehr	meist
副詞	gern	lieber	am liebsten

比較の表現

◆原級（同等比較）

Ich bin **so alt wie** er.　　　　　　　　　　　私は彼と同い年だ。

◆比較級

Mein Bruder ist **älter als** ihr Bruder.　　　私の兄は彼女のお兄さんより年上だ。

◆最上級

Dieser Tempel ist **der älteste** in Japan.　　この寺は日本でいちばん古い。

◆副詞の比較級と最上級

Ich trinke **gern** Kaffee. Ich trinke **lieber** Bier, aber **am liebsten** Wein.

私はコーヒーが好きだ。ビールはもっと好きだが、いちばん好きなのはワインだ。

③ **zu** 不定詞

(1) zu 不定詞句

zu 不定詞　　　　**zu** lernen　　　　　　　　学ぶこと

zu 不定詞句　　　fleißig Deutsch **zu** lernen　　一生懸命ドイツ語を学ぶこと

＊ zu 不定詞句の中で zu 不定詞は最後に置かれます。

＊分離動詞の場合には、zu は前つづりと基礎動詞の間に入ります。

jeden Morgen früh auf**zu**stehen　　　　　　毎朝はやく起きること

(2) zu 不定詞の用法

◆名詞的用法

Deutsch zu lernen, ist nicht so schwer.

= Es ist nicht so schwer, Deutsch zu lernen.　　ドイツ語を学ぶことはそれほど難しくない。

Mein Wunsch ist, in Deutschland Musik zu studieren.

私の願いはドイツの大学で音楽を勉強することだ。

◆形容詞的用法

Ich habe keine Lust, jeden Morgen so früh aufzustehen.

毎朝そんなに早く起きる気はない。

◆ um, ohne と結びついて

Er fährt nach Deutschland, um Jura zu studieren.

彼は法学を勉強するためにドイツへ行く。

Er fuhr nach Deutschland, ohne uns ein Wort zu sagen.

彼は私たちに何も言わずにドイツへ行った。

④ 受動態

受動態には、動作受動と状態受動があります。

(1) 動作受動

助動詞 werden を用い、文末に過去分詞を置いて枠構造を作ります。

　　　1格　　　　4格

Der Sohn liebt den Vater .　　　　　　　　息子は父を愛している。

Der Vater wird von dem Sohn geliebt .　父は息子に愛される。

　　　　　　　── 枠構造 ──

受動態の時称

　　　現在　　　　　　Der Vater wird ....geliebt.

　　　過去　　　　　　Der Vater wurde ....geliebt.

　　　現在完了　　　　Der Vater ist ....geliebt worden.

　＊動作主は von + 3格で表されますが、durch + 4格が用いられる場合もあります。

　　Viele Häuser wurden durch dieses Erdbeben zerstört.

　　たくさんの家が今回の地震で破壊された。

(2) 状態受動

助動詞 werden の代わりに sein を用いると「されている」という意味になります。

　　Das Fenster wird geöffnet.　　　　　　窓が開けられる。（動作受動）

　　Das Fenster ist geöffnet.　　　　　　　窓が開いている。（状態受動）

5 関係代名詞

　関係代名詞には先行詞をとる定関係代名詞と、先行詞をとらないか、もしくは alles や etwas など特別な先行詞をとる不定関係代名詞があります。

(1) 定関係代名詞

　定関係代名詞の格変化

	男　性	女　性	中　性	複　数
1格	der	die	das	die
2格	**dessen**	**deren**	**dessen**	**deren**
3格	dem	der	dem	**denen**
4格	den	die	das	die

◆関係文

　＊関係代名詞の性と数は先行詞に一致します。

　＊格は関係文の中の働きによって決まります。

　＊関係文は副文なので定動詞は文末に置かれ、主文と副文との間はコンマで区切ります。

　　Dort steht der Mann, **der** bei uns wohnt.

　　あそこに、我が家に住んでいる男性が立っている。

　　Dort steht der Mann, **dessen** Vater unser Lehrer ist.

　　あそこに、父親が私たちの先生である男性が立っている。

　　Dort steht der Mann, **dem** ich eine Krawatte schenkte.

　　あそこに、私がネクタイを贈った男性が立っている。

　　Dort steht der Mann, **den** wir alle sehr lieben.

　　あそこに、私たちみんながとても愛している男性が立っている。

　＊関係代名詞が前置詞と結びついているときは、前置詞が関係代名詞の前に置かれます。

　　Dort steht der Mann, **mit dem** ich oft Tennis spiele.

　　あそこに、私がよく一緒にテニスをする男性が立っている。

(2) 不定関係代名詞

　wer「……する人」、was「……する事」として用います。格変化は疑問代名詞と同じです。

　　Wer nicht arbeitet, soll auch nicht essen.　　働かざる者、食うべからず。

　　Was er gestern gesagt hat, ist falsch.　　彼が昨日言ったことは間違っている。

　　Das ist alles, **was** ich dir sagen kann.　　これが、私が君に言うことができるすべてだ。

6 接続法

ドイツ語の動詞には、直説法、命令法、接続法の３つの形があります。

接続法は、話し手が話の内容を事実としてではなく、伝聞、仮定あるいは願望として伝える動詞の形です。

接続法には、第１式と第２式があります。

(1) 接続法第１式

他者の発言内容をそのまま伝達する間接話法や話者の願望を述べる要求話法に用いられます。

基本形は不定詞の語幹に e をつけます 。この基本形に過去人称変化と同じ語尾をつけます。

不定詞		lernen	sein	haben	werden
基本形		**lerne**	**sei**	**habe**	**werde**
ich	-	lerne	sei	habe	werde
du	- st	lernest	sei(e)st	habest	werdest
er/sie/es	-	lerne	sei	habe	werde
wir	- n	lernen	seien	haben	werden
ihr	- t	lernet	seiet	habet	werdet
sie/Sie	- n	lernen	seien	haben	werden

◆間接話法

Er sagt: „Ich lerne jetzt Deutsch."

彼は「僕は今ドイツ語を勉強している」と言っている。

→ Er sagt, er **lerne** jetzt Deutsch.

彼は、今ドイツ語を勉強していると言っている。

◆要求話法

Man **nehme** täglich zweimal eine Tablette.　　一日二回、一錠服用すること。

(2) 接続法第２式

非現実の仮定や願望を表す非現実話法や、ていねいな表現に用いられます。

規則動詞は過去基本形と同じになり、不規則変化動詞は過去基本形の a, o, u を変音（ウムラウト）させ、e をつけます。

＊基本形の作り方

lernen → lernte（過去基本形＝接続法第２式）

sein 　→ war 　（過去基本形）→ wäre（接続法第２式）

haben → hatte（過去基本形）→ hätte（接続法第２式）

不定詞		lernen	sein	haben	werden
基本形		**lernte**	**wäre**	**hätte**	**würde**
ich	-	lernte	wäre	hätte	würde
du	- st	lerntest	wärest	hättest	würdest
er/sie/es	-	lernte	wäre	hätte	würde
wir	- n	lernten	wären	hätten	würden
ihr	- t	lerntet	wäret	hättet	würdet
sie/Sie	- n	lernten	wären	hätten	würden

◆非現実

    Wenn ich Zeit **hätte**, **führe** ich nach Deutschland.

    もしも時間があるならば、私はドイツに行くのになあ。

＊本動詞の接続法第 2 式のかわりに、帰結文に「würde ＋不定詞（文末）」が用いられること
が多いです。

    Wenn ich Zeit **hätte**, **würde** ich nach Deutschland fahren.

◆願望

    Wenn ich doch nach Deutschland fahren **könnte**!

    ドイツへ行くことができたらなあ。

◆ていねいな表現

    Ich **hätte** eine Frage.   ひとつ質問があるのですが。

    Könnten Sie mir bitte sagen, wie ich zum Bahnhof komme?

    駅へはどう行ったらよいのか教えていただけますか。

ドイツ語インフォメーション neu²
（第2版）

| 検印
省略 | ©2012年1月20日　初　版発行
　　2022年1月25日　10　刷発行
©2024年1月30日　第2版発行 |

著　者　　　　秋田　　靜男

　　　　　　　江口　　陽子

　　　　　　　神谷　　善弘

　　　　　　　河村　　麻里子

　　　　　　　小林　　繁吉

　　　　　　　黒澤　　優子

　　　　　　　森川　　元之

　　　　　　　中野　　有希子

　　　　　　　竹村　　恭一郎

　　　　　　　田村　　江里子

発行者　　　　　小　川　洋一郎

発行所　　　株式会社　朝　日　出　版　社

　　　　　〒101-0065　東京都千代田区西神田 3-3-5
　　　　　　　　　電話直通 (03) 3239-0271/72
　　　　　　　　　振替口座 00140-2-46008
　　　　　　　　　図書印刷株式会社

ISBN978-4-255-25478-4 C1084

1．次の動詞の現在人称変化表を完成させなさい。

	spielen	lernen	wohnen
ich	spiele		
du			
er / sie / es			
wir		lernen	
ihr	spielt		
sie / Sie			

2．sein を現在人称変化させて入れなさい。

(1) Wir (   ) Japaner.   私たちは日本人です。

(2) (   ) er Deutscher?   彼はドイツ人ですか？

(3) Ihr (   ) Studenten.   君たちは学生です。

(4) Was (   ) Sie von Beruf?   あなたのご職業は何ですか？

    — Ich (   ) Lehrerin.   私は教師です。

(5) (   ) du müde?   君、疲れてる？

    — Ja, ich (   ) müde.   うん、疲れてるよ。

3．[　　]内の動詞を人称変化させて入れなさい。

(1) Ich (   ) gern.   [singen]
私は歌うのが好きです。

(2) (   ) du Klavier?   [spielen]
君はピアノをひきますか？

(3) Frau Müller (   ) Musik.   [hören]
ミュラーさんは音楽を聞きます。

(4) Wir (   ) Bier.   [trinken]
私たちはビールを飲みます。

(5) (   ) ihr Wein?   [trinken]
君たちはワインを飲みますか？

ミシン目で切り離して
提出用としてお使いいただけます。

Lektion 2

１．例にならって女性形を入れなさい。

　　（例）der Student　　→　　　die Studentin

　　(1) der Japaner　　→　　　die (　　　　　　　)

　　(2) der Lehrer　　→　　　die (　　　　　　　)

　　(3) der Schüler　　→　　　die (　　　　　　　)

　　(4) der Arzt　　→　　　die (　　　　　　　)

２．名詞の性を辞書で調べて定冠詞を入れなさい。

　　(1) (　　　　　　) Hemd ist nicht billig.　　　　そのシャツは安くない。

　　(2) (　　　　　　) Rock ist schön.　　　　そのスカートはすてきだ。

　　(3) (　　　　　　) Tasche ist teuer.　　　　そのバッグは高い。

　　(4) Wann beginnt (　　　　　) Konzert?　　　　そのコンサートはいつ始まりますか。

　　(5) (　　　　　　) Junge lernt Französisch.　　　その少年はフランス語を勉強しています。

３．[　　　] 内の動詞を現在人称変化させて入れなさい。

　　(1) (　　　　　　　) du Durst?　—　Ja, ich (　　　　　　) Durst.　　　　[haben]

　　(2) (　　　　　) Makoto Geschwister?　—　Ja, er (　　　　　) drei Geschwister.　　[haben]

　　(3) (　　　　　) Klaus nach Italien?　—　Nein, er (　　　　　) nach Frankreich.　　[reisen]

　　(4) Was (　　　　　) Petra?　—　Sie (　　　　　) Hausaufgaben.　　[machen]

　　(5) Wo (　　　　　) ihr?　—　Wir (　　　　　) in Hamburg.　　[wohnen]

ミシン目で切り離して
提出用としてお使いいただけます。

Lektion 3

1．定冠詞を入れなさい。

  (1)　Sehen Sie (　　　　　　) Dom?
     その大聖堂が見えますか。

  (2)　(　　　　　　) Baum ist sehr groß.
     その木はとても大きい。

  (3)　Jetzt lese ich (　　　　　　) Zeitung.
     今私はこの新聞を読んでいます。

  (4)　(　　　　　　) Musik höre ich oft. (　　　　　　) Musik ist jetzt sehr populär.
     この音楽を私はよく聞いています。この音楽は今とても人気があります。

2．[　　] 内の名詞の複数形を辞書で調べて入れなさい。

  (1)　Er hat drei (　　　　　　　　). 　　　[Handy]
     彼は携帯電話を三つ持っている。

  (2)　Ich habe vier (　　　　　　　). 　　　[Schwester]
     私は姉妹が4人います。

  (3)　Backen Sie zwei (　　　　　　　　)? 　　[Kuchen]
     あなたはケーキを二つも焼くのですか？

  (4)　Der Mann kauft fünf (　　　　　　　). 　[Heft]
     その男性はノートを5冊買います。

  (5)　Die Lehrerin benutzt drei (　　　　　　　). [Wörterbuch]
     あの先生は辞書を3冊使っています。

ミシン目で切り離して
提出用としてお使いいただけます。

Lektion 4

番号　　　　　　氏名

1. 不定冠詞を入れなさい。

(1) Sabine hat (　　　　　　) Schwester.

(2) Makoto sucht (　　　　　　) Zimmer.

(3) Morgen kaufe ich (　　　　　　) Wörterbuch.

(4) Wir machen heute (　　　　　　) Spaziergang.

(5) Anke hat (　　　　　　) Motorrad.

2. 所有冠詞あるいは否定冠詞を入れなさい。

(1) Wo arbeitet (　　　　　　) Bruder?
君のお兄さんはどこで働いているの？

(2) Wir haben (　　　　　　) Kinder.
私たちには子供がいません。

(3) (　　　　　　) Kind singt gern.
私の子供は歌うのが好きです。

(4) (　　　　　　) Eltern wohnen in Hannover.
私たちの両親はハノーファーに住んでいます。

(5) Wann besuchen Sie (　　　　　　) Lehrer?
あなたはあなたの先生をいつ訪ねるのですか。

ミシン目で切り離して
提出用としてお使いいただけます。

Lektion 5

1．［　　］内の動詞を現在人称変化させて入れなさい。

(1) Wohin (　　　　　) der Zug?　　　［ fahren]
この列車はどこへ行くの？

(2) (　　　　　) du die Kirche dort?　　　［ sehen]
あそこの教会が見える？

(3) Du (　　　　　) gut Italienisch.　　　［ sprechen]
君はイタリア語を上手に話す。

(4) Wer (　　　　　) Haruko?　　　［ helfen]
誰がハルコに協力するの？

(5) Der Mann (　　　　　) einen Hut.　　　［ tragen]
その男の人は帽子をかぶっている。

2．適切な語を入れて文を完成させなさい。

(1) Ich helfe (　　　　　) Tante.
私は私の叔母を手伝う。

(2) (　　　　　) schenken Sie die Halskette?
あなたは誰にそのネックレスをプレゼントするのですか？

(3) Aya schenkt (　　　　　) Freund eine Krawatte.
アヤは彼女のボーイフレンドにネクタイをプレゼントする。

(4) Das Bild gefällt (　　　　　) Onkel.
その絵はわたしの叔父のお気に入りだ。

(5) Gehört der Ring (　　　　　) Mutter?
その指輪は君のお母さんのものですか？

ミシン目で切り離して
提出用としてお使いいただけます。

Lektion 6

1. 次の不規則動詞の現在人称変化表を完成させなさい。

	geben	werden	wissen
ich			
du			
er / sie / es			
wir		werden	
ihr	gebt		
sie / Sie			

2. [　　] 内の動詞を現在人称変化させて入れなさい。

(1) Marie (　　　　　　) Sängerin.　　　　　　[werden]

(2) Er (　　　　　) gern Wurst.　　　　　　　[essen]

(3) (　　　　　) du Bier oder Wein?　　　　　[nehmen]

(4) Hier (　　　　　) es keinen Supermarkt.　[geben]

(5) Wo (　　　　　) du das Buch?　　　　　　[lesen]

3. 人称代名詞を入れなさい。

(1) Meine Schwester besucht (　　　　) morgen.　姉が明日私を訪ねてきます。

(2) Unsere Eltern lieben (　　　　).　　　　　両親は私たちを愛している。

(3) Ich gebe (　　　　) Schokolade.　　　　　私は君にチョコレートをあげる。

(4) Das Heft gehört (　　　　).　　　　　　　そのノートは彼女のものです。

(5) Die Jacke gefällt (　　　　).　　　　　　そのジャケットを私は気に入っています。

ミシン目で切り離して
提出用としてお使いいただけます。

Lektion 7

1. 前置詞または前置詞と定冠詞の融合形を入れなさい。

(1) Diese Uhr ist ein Geschenk (　　　　　) ihn.
この時計は彼のためのプレゼントです。

(2) Ich wohne jetzt (　　　　　) meinem Onkel.
私は今おじのところに住んでいる。

(3) Monika geht zu Fuß (　　　　　) Uni.
モーニカは歩いて大学へ行く。

(4) Wir fahren am Wochenende (　　　　　) Meer.
週末に私たちは海に行きます。

(5) Meine Eltern sind heute (　　　　　) Hause.
私の両親は今日家にいます。

2. 前置詞の格支配に気をつけて適切な冠詞を選びなさい。

(1) Ein Auto fährt durch (　　　　　) Wald.　　　　[dem / den]

(2) Ich danke Ihnen herzlich für (　　　　　) Einladung.　　　[Ihrer / Ihre]

(3) Franziska wartet vor (　　　　　) Rathaus auf Thomas.　　[dem / das]

(4) Herr Meyer erzählt uns von (　　　　　) Reise.　　　[seiner / seine]

(5) Er hängt das Bild an (　　　　　) Wand.　　　　[der / die]

3. 日本語に訳しなさい。

(1) Eine Frau fragt den Mann nach dem Weg zum Bahnhof.

(2) Ich denke oft an meine Großmutter.

(3) Worüber sprecht ihr? — Wir sprechen über dieses Buch.

(4) Sind Sie mit Ihrer Wohnung zufrieden? — Ja, ich bin damit zufrieden.

ミシン目で切り離して
提出用としてお使いいただけます。

1. [ ] 内の助動詞を使った文に書きかえなさい。

(1) Julia läuft sehr schnell. [können]

(2) Er ist etwa vierzig Jahre alt. [mögen]

(3) Was macht Peter nach der Schule? [wollen]

(4) Du sprichst in diesem Klassenzimmer Deutsch. [müssen]

(5) Ihr macht keinen Lärm. [dürfen]

2. [ ] 内の語句を並べかえて文を完成させなさい。[助動詞は人称変化させること]

(1) 君は魚が好きかい？ [Fisch / du / mögen]

(2) 彼の生徒たちは絶対にこの本を読まなくてはならない。

[dieses Buch / lesen / seine Schüler / unbedingt / müssen]

(3) あなたの息子さんは彼女と結婚したいのですか？ [Ihr Sohn / sie / heiraten / möchte]

(4) 君たちは心配する必要はないよ。 [keine Angst / ihr / haben / müssen]

(5) その議論はまだ長く続くかもしれない。 [die Diskussion / dauern / noch lange / können]

ミシン目で切り離して
提出用としてお使いいただけます。

Lektion 9

番号　　　　　　氏名

1.[　　　]内の分離動詞を人称変化させたものと前つづりを入れなさい。

(1) Heute (　　　　　　) sie nach Italien (　　　　　　).　　　[ab|fliegen]
今日彼女はイタリアに向かって飛行機で出発します。

(2) (　　　　　　) ihr in Hannover (　　　　)?　　　[um|steigen]
君たちはハノーファーで乗り換えるの？

(3) Wann (　　　　　) der Deutschunterricht (　　　　)?　　　[an|fangen]
ドイツ語の授業は何時に始まりますか？

(4) Der Zug (　　　　　) um zehn Uhr in Köln (　　　　).　　　[an|kommen]
その列車は10時にケルンに到着します。

(5) Ich (　　　　　) den Termin beim Zahnarzt (　　　　).　　　[ab|sagen]
私は歯医者の予約を取り消します。

2.[　　　]内の語句を並べかえて文を完成させなさい。[動詞または助動詞は人称変化させること]

(1) 君も一緒に来るの？　　　　　　　　　　　　　　　[auch / mit|kommen]

(2) 私はニュルンベルク駅で降りなければなりません。　　[in Nürnberg / aus|steigen / müssen]

(3) これらの本を持って行ってもいいですか。　　　[ich / die Bücher / mit|nehmen / dürfen]

(4) 窓を開けていただけますか。　　　[Sie / das Fenster / bitte / auf|machen / können]

(5) 私たちは今晩外出したいと思っています。　　　[heute Abend / aus|gehen / möchten]

ミシン目で切り離して
提出用としてお使いいただけます。

Lektion 10

1. ＿＿＿ に形容詞の適切な格変化語尾を入れなさい。

　(1) Mir gefällt die alt ＿＿＿ Wohnung.
　　　私は、その古い住まいが気に入っています。

　(2) Diese Jacke gehört dem jung ＿＿＿ Mann.
　　　この上着はその若者のものです。

　(3) Ich möchte eine interessant ＿＿＿ DVD.
　　　私は面白い DVD が欲しいです。

　(4) Das hübsch ＿＿＿ Mädchen ist seine Schwester.
　　　そのかわいい女の子は彼の妹です。

　(5) Sie kauft die rot ＿＿＿ Schuhe.
　　　彼女は赤い靴を買います。

2. (　　) に適切な再帰代名詞を入れなさい。

　(1) Ich freue (　　　　　) sehr auf die Reise nach Deutschland.

　(2) Sie erinnert (　　　　　) an ihre Jugend.

　(3) Kannst du (　　　　) die Szene vorstellen?

　(4) Sehen wir (　　　　) morgen wieder?

　(5) Bitte, setzen Sie (　　　　) hierher!

ミシン目で切り離して
提出用としてお使いいただけます。